KB074515

지금, 마음이 어떠세요?

지금, 마음이 어떠세요?

초판 1쇄 인쇄 | 2021년 4월 16일
초판 1쇄 발행 | 2021년 4월 26일

지은이 유미 이수아 박지영 임경미 해안 방성경 김선형 김미르
발행인 이승용

편집주간 이상지 | **편집** 김태희 이수경
마케팅 이정준 정연우
북디자인 이영은 | **홍보영업** 백광석
제작 및 기획 백작가

브랜드 내가 그린 기린
문의전화 02-518-7191 | **팩스** 02-6008-7197
홈페이지 www.shareyourstory.co.kr
이메일 publishing@lovemylif2.com

발행처 (주)책인사
출판신고 2017년 10월 31일(제 000312호)
값 16,000원 | **ISBN** 979-11-90067-43-0 (13320)

지금, 마음이 어떠세요?

상처 앞에서 선뜻 용기내지 못하는

사람들을 위한 8가지 질문

유 미 이수아 박지영 임경미
해 안 방성경 김선형 김미르

차례

작가 유미

오늘 걷지 않으면 내일은 뛰어야 합니다

작가 이수아

그 무엇도 할 수 있는 힘

작가 박지영

자신을 치유하고 성장시키세요

작가 임경미

꿈꿀 수 있다면, 이룰 수도 있습니다

작가 해안

너무 완벽해지려고 하지 마세요

작가 사랑씨앗 방성경

상대방이 원하는 것을 해주세요

작가 김선형

앞으로 나아가거나, 뒤로 물러서거나

작가 김미르

결국 우리는 따뜻한 곳으로 돌아온다

프롤로그

저는 새벽 5시 30분이면 어김없이 책상 앞에 앉습니다. 여러 명의 작가들과 함께하는 특별한 시간이 시작되기 때문입니다. 〈새벽 독서실〉이라고 이름 붙인 온라인 공간을 통해, 같은 목표를 가지고 함께하는 이들과 에너지를 공유하며 새벽만의 특별한 시간을 경험하고 있습니다.

딱 한 달만 진행해보겠다고 시작한 〈새벽 독서실〉은, 한 달만 더 한 달만 더 하다 보니 어느새 저와, 이 시간을 함께하는 작가님들 모두의 일상이 되어버렸습니다.

우리는 이 시간을 〈영혼의 수다〉라고 부르며 마음을 열고, 마음을 나눕니다. 제가 생각하는 마음은 그렇습니다. 내 삶의 이야기를 담은 그릇, 그 이상도 그 이하도 아닌 것이라고. 그래서 여러 가지 마음이 동시에 존재할 수 있다고 생각합니다. 가령, 트라우마를 담은 마음이 있는가 하면, 성취감으로 가득 찬 마음도 함께 존재할 수 있다고 생각하는 것이죠. 〈새벽 독서실〉을 통해 한 사람 안에 존재하는 무수한 마음을 보고 들으며 한 가지 알 수 있었던 것은, 누구에게나 반짝반짝 빛나는 부분도 있고, 어두컴컴한 칠흑 같은 부분도 있다는 것입니다. 그런 면에서 우리는 모두 다른 모양이지만, 또 모두 다르다는 것이 같습니다.

이 책은 상처와 치유라는 하나의 주제가 담긴 '마음'이라는 공통된 단어 안에서, 8명 모두가 각자의 다른 시선과 경험을 풀어내며 오묘한 공감대를 형성합니다. 이 우연인 듯 운명인 듯 인연 된 이야기의 주인공들인 8명의 작가를 소개할까 합니다.

작가 유미, 난임을 겪으며 절망의 계곡에서 빠져나오기 위해 시작했다는 감사 일기. 그리고 그 외에 독서와 글쓰기 등의 루틴들이 이제는 그녀 자신을 넘어 주변 사람들에게까지 꿈을 소생시킬 수 있는 에너지로 물들어가고 있습니다. 산에서는 엽기 사진 찍는 게 제맛이라는 천진난만한 모습과, 뒤따라올 후배들을 위해 지표가 되어주고 싶다는 책임감 넘치는 모습을 겸비한 그녀는, 대나무 숲의 바람 소리를 머금은 시원한 마음의 소유자입니다.

작가 이수아, 그녀의 안에는 배움에 대한 열망으로 가득합니다. 책을 읽고 글을 쓰는 것을 선택하게 된 것도 그 연장선이었습니다. 그리고 그 덕분에 지금까지 겪어왔던 경험들이 어디에서부터 기인되었는지 하나하나 이어지며 실마리가 풀리는 계기가 되었습니다. 그녀의 글은 어쩌면 고백에 가깝습니다. 그리고 글의 모든 결론은 자신을 향한 외침일 것입니다. 흔들리는 삶을 오직 스스로 부딪치며 경험해온 그녀는, 기울어지기는 해도 절대 넘어지는 법 없는 오뚝이 같은 마음의 소유자입니다.

작가 박지영, 하늘하늘한 겉모습과 달리 주도적이고 자유로운 영혼의 반전 매력을 가지고 있는 그녀이지만, 본연의 모습을 되찾기까지 두려움을 넘어서는 과정이 필요했습니다. 우리가 함께 공동 저서 집필을 위해 대화를 나누고 글을 쓰는 동안에도 울기도 참 많이 울었고, 그 결과로 한

번 쓰기도 어려운 원고를 무려 세 번이나 다시 쓰며 현재 그녀의 이야기를 온전히 담기 위해 노력했습니다. 그만큼 격변의 시기를 겪은 그녀는, 지금 누구보다 강인하고 향기로운 마음의 소유자입니다.

작가 임경미, 일찍이 세상을 떠난 아버지에 대한 이야기를 꺼내지 않는 것이 그녀 자신과 주변 사람들을 위한 일종의 배려라고 생각했다는 그녀. 관련된 이야기가 나오면 무겁게 가라앉을 분위기를 생각해 늘 외면해왔던 외로움 짙은 그 마음을, 글을 통해 쏟아내며 온전히 마주하는 경험을 했습니다. 큰 용기를 대가로 아버지가 남겨주신 유산이 부재가 아닌 '사랑'이었음을 깨달은 그녀는, 태양보다 밝은 마음의 소유자입니다.

작가 해안, 예술에 대한 조예가 깊은, 아니 깊어질 수밖에 없었던 삶을 살아온 그녀는, 슬픔도 분노도 기쁨도 행복도 자신의 삶에서 일어난 모든 사건과 감정을, 오직 순수함으로 책과 미술을 통해 흘려보내고 있습니다. 단 한 번도 누군가에게 속 시원히 말하지 못했던 그간의 이야기들을 살기 위해 이렇게나마 털어놓기로 선택했다며, 수많은 눈물과 함께 이 글을 썼습니다. 이 공동 저서를 계기로 다시 시작선 앞에 선 그녀는, 예술처럼 아름다운 마음의 소유자입니다.

작가 방성경, 그녀 하면 생각나는 키워드를 말하라고 한다면, '객관성'이 떠오릅니다. 집필 주제를 잡기 위해 대화를 나눴을 때, 그녀는 모두 치유된 줄만 알았던 유년 시절의 기억 속에서 아직 가족에 대한 상처가 남아있었다는 것을 알게 되었다고 했습니다. 아프고 혼란스러운 와중에도 '객관성'을 유지하려 무던히도 애를 썼지만, 이제 그녀는 말합니다.

"네 상처에 동의를 구하지 않아도 괜찮아"

그녀는 이제 나와 너를 보듬을 수 있는 하늘같이 넓은 마음의 소유자입니다.

작가 김선형, 뇌종양이라는 죽음의 병 앞에서 가장 하고 싶은 것이 바로 책을 쓰는 것이었다고 하는 그의 소망이, 이 책을 통해 이루어졌습니다. 끝끝내 뇌종양을 이겨내고, 글에 대한 열정을 포기하지 않은 채 다시 손에 펜을 잡은 그의 삶은, 그 자체로 빛이 납니다. 다소 거친 외모와는 달리 소녀의 감성과 글의 표현력을 자랑하는 대단한 필력을 가진 그는, 부드럽지만 굳센 마음의 소유자입니다.

작가 김미르, 그녀는 모든 사람이 겪고 지나갈 외로움과 고독의 길을 걸었지만, 예술로서 치유하고 자신의 뿌리를 찾은 사람입니다. 그녀의 인생은 깊은 동굴 속 어둠 같았지만, 예술을 통해 그 길 끝에서 만난 환희의 빛이 그녀 안에 담기게 된 순간, 모든 사람은 지금 이 순간 안전하다는 것을 알게 되었습니다. '해와 바람'이라는 우화를 읽고 상처 입은 마음과, 방어기제, 그리고 외부 요인 등을 대입하여 자신의 이야기를 풀어낸 그녀는, '둥둥' 가슴을 울리는 북소리와 같은 깊은 마음을 가진 소유자입니다.

"흔들리지 않고 피는 꽃이 어디 있으랴"라고 말한 도종환 시인의 말처럼 흔들림으로 피워낸 8명의 마음에 대한 이야기가, 독자들에게 큰 용기와 온기를 전할 수 있기를 바라봅니다.

마지막으로 이 책이 세상에 아름답게 피어날 수 있도록 도와주신 백작가(이승용)님께 깊이 감사를 드립니다. 그리고 오랜 시간 함께 웃고 울어주며 서로에게 용기를 북돋아준 책인사[작가수업] 작가님들께도 감사와 평안을 보냅니다.

작가 이상지

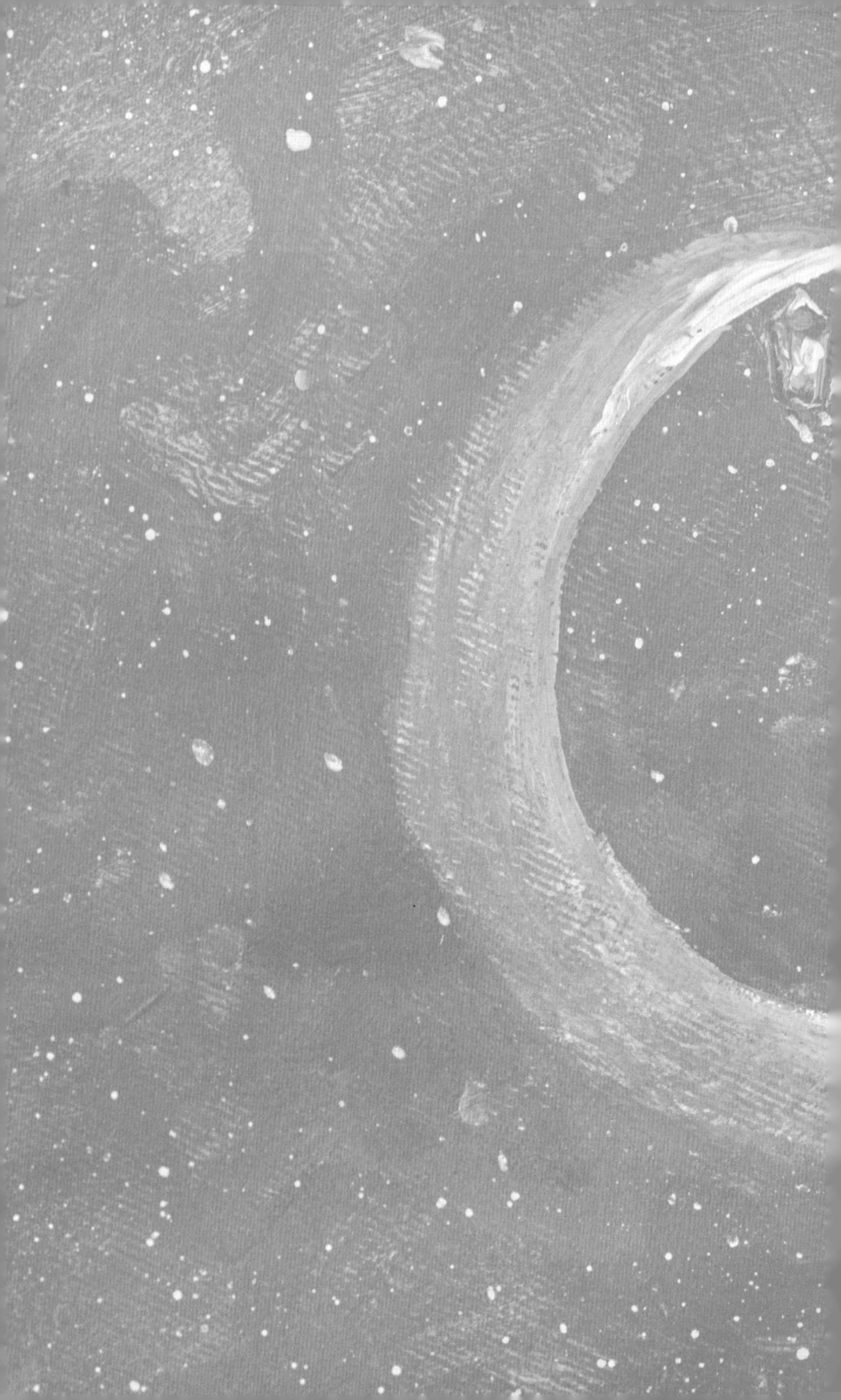

오늘
걷지 않으면
내일은 뛰어야 합니다

작가 유미

직장 안에서는 인정받는 실력자로,

직장 밖에서는 꿈을 소생시키는

동기부여가로 살아가고 있다.

학력, 경력, 스펙 등 이러한 꼬리표 없이

순수하고 공정하게 평가받고 싶은 마음에

매일 고군분투하며 실력도 인정받고 있다.

하지만 어제가 오늘 같고, 오늘이 내일 같은
대한민국 표준 직장인의 일상,
이 삶에 숨을 더하고 싶어
조금 더 부지런해지기로 결심한 그녀는
매일 글을 읽고, 글을 쓰기 시작했다.

글을 쓰기 시작하면서
자신을 좀 더 이해하고 사랑하게 되었다.
울퉁불퉁 이 험난한 세상 속에서
저자의 글이 독자의 마음을 향해 걸어감으로써
그들의 마음이 조금은 평탄해지기를
희망은 조금도 포기하지 않기를
바라고 바라는 마음으로
매일 읽고 또 쓴다.

Instagram : writer_yumi
Blog : blog.naver.com/yuandmi00
Cafe : cafe.naver.com/pinkabjb3

군대를 다녀오지 않아서 싸가지가 없나 봅니다

"자~ 이번 야유회 마지막 순서는 팀장님 말씀입니다." 사회자의 호출에 팀장님은 마이크를 잡았다. "모두 다치지 않고 안전하고 즐겁게 즐겨주셔서 감사합니다. 마지막으로 우리 팀에 유명한 가수가 있는데, 유미 씨 어디 있지? 한 곡 들어봅시다. 유미와 아이들!"

식당 구석에서 동기들과 즐겁게 밥을 먹고 있던 나는 수저를 든 채 중앙 무대로 불려 나갔다. 노래를 기가 막히게 잘하지는 못했지만, 공부만 열심히 했을 공대생 사이에 있자니 어느새 나는 흥과 끼가 넘치는 신입사원으로 인식되고 있었다. 팀장님은 부서에서 나랑 종종 짝을 맞춰 공연했던(?) 댄스동아리 출신 남자 후배 2명의 이름을 부르는 것도 잊지 않으셨다. 우리는 리조트 식당에서 마치 혼성 댄스 그룹처럼 춤을 추며 현진영의 '흐린 기억 속의 그대'를 불렀다. 우리를 감싸는 빛나는 조명은 없었지만, 사람들의 환호성만큼은 느낄 수 있었다.

24살의 나는 생기가 넘쳤다. 스스로 이런 말을 하기는 좀 오글거리지만 상큼한 오렌지 같았다. 회식 때면 나는 분위기 메이커가 되었다. 과장님 부장님들이 모두 어려워하는 팀장님께도 발랄하게 인사를 드리는 아이였다. 비가 오나 눈이 오나 소위 말하는 엄근진(엄격하고, 근엄하고, 진지하다) 표정으로 유명한 팀장님도 내가 인사를 드릴 때면 장마철 구름 사이 찰나의 햇살 같은 짧은 미소를 보이셨다. 자유롭게 의견을 제시하라고 마련된 간담회에서조차 대부분의 동료는 하고 싶은 이야기를 다 하지 못했다. 나는 그들이 전하고 싶었던 말들을 대신 전달하는 역할을 맡기도 했다. 그 순간 나는 마치 잔 다르크가 된 듯 비장했다. 사람들은 팀의 막내 중 이렇게 적극적이었던 내게 발 빠르게 조직 내 소식을 전하는 역할을 맡겼다.

[공지] 9월 회식

이번 달 회식은 다음 주 수요일인 9월 23일 ooo삼겹살에서 진행됩니다.

회식 공지 메일의 보내기 버튼을 누르고 나면 메신저 창에 불이 났다.

"유미 씨, 이번 회식 장소가 어디라고? 상무님은 개별 공간이 있는 곳을 좋아하실 텐데···"

"유미 씨, 회식 공지한 장소 직접 가봤어? 지난달에 다녀온 영업 팀 김 과장이 별로라던데···"

"유미야, 그날 A사 내방 회의 있는 것 같던데, 상무님 일정 확인한 거 맞아?"

회식 날짜는 선배들이 뽑아준 날짜 중 투표를 통해서 정해졌다. 장소는 후보로 올린 몇 곳 중 상무님 확인을 받은 곳이었다. 나는 막내로서 선배들의 지시에 따라 신속하게 예약하고, 예의 바르게 부서 전체에 공지했을 뿐이다. 그러나 내가 맡은 역할을 과대평가했는지, 수십 명의 사람이 불평불만과 저마다 다른 개인 의견들을 모두 나에게 쏟아냈다. 회식은 하루 한 장소에서 진행되는데 수십 개의 요구가 빗발치니 어쩌란 말인지, 답답하기만 했다.

그중 몇 가지를 수렴해 두어 번 변경한 후에는 나의 인내심도 드디어 한계에 도달했다. 날것의 생각이 사고회로를 미처 거치지 못한 채 그대로 입 밖으로 튀어나왔다. "그렇게 구시렁거리실 거면 선배님이 직접 예약하세요." 예상치 못한 후배의 반격에 적잖이 당황했으리라. 사람의 낯빛이 변한다는 게 어떤 건지 그때 알았다. 벚꽃처럼 환하고 장난기 가득했던 선배의 표정에 순간 4계절이 지나갔다. 장마철 하늘처럼 어두워졌다가, 붉으락푸르락 단풍이 폈다가, 눈이 소복하게 내려앉은 들판처럼 하얗게 변해갔다. 다채롭구나! 감탄할 새도 없이 나는 회의실로 끌려갔다.

돌이켜 생각해보니 생기발랄과 싸가지 없음은 한 끗 차이였다. 선배의 호출을 받고 회의실에 끌려갔지만 나는 당당했다. 아니 답답했다. 대체 내가 뭘 잘못했다는 건지 이해할 수 없었다. 그렇게 다양한 요구들이 있다면 그런 의견을 가진 당사자가 직접 처리하는 게 더 효율적이지 않겠냐는 생각이었다. 조직 생활이 어떻고, 체계가 어떻고, 위아래가 어떻고… 계속되는 질타에 짐짓 반성하는 모습을 보이긴 했지만, 속으로는 이렇게 생각했다.

'네~ 제가 군대를 다녀오지 않아서 싸가지가 없나 봅니다'

2018년 겨울 어느 날, 서점의 신간 코너에서 만난 책 《90년생이 온다》를 단숨에 읽어 내려갔다. 조직 개편을 앞두고 있었고, 그 유명한 90년대 생과 함께 일하도록 예정된 시점이었다. '그룹의 막내인 90년대 생과 왜 하필 내가…' 어려운 일을 앞두면 일단 책부터 찾는 버릇이 있다. 감성이 쏟아지는 각종 연애 심리 책들을 쌓아두고 연애를 글로 배웠듯, 90년생 후배와 함께 일하는 방법도 책에서 해답을 찾고 싶었다.

'90년대 생이 이렇구나, 저렇구나, 엥? 근데 나도 이랬던 것 같은데…' 그 책에서 말하는 90년대 생들의 특징 중 일부는 80년대 생인 나의 신입사원 때의 모습과 크게 다르지 않았다. 직장 생활 경험이 20년에 가까워지니 조직의 큰 흐름과 어울리지 않는 행동을 하는 후배들 모습이 눈에 들어오기도 한다. 그럴 때도 나는 보통 태연한 편이다. 자칭 뜨거운, 타칭 따가운 시선을 후배들에게 보내는 다른 동료들의 의견에도 동조하지 않았다. "에이 뭘 저 정도로… 저 때는 원래 다 저런 거 아냐? 다 한때일 텐데…" 뭘 해도 20년 전의 나보다 싸가지 없는 친구들은 없어 보이니 그럴 수밖에 없지 않겠나!

혼자 꼰대가 아닌 척하는 게 아니냐고? 언제 내가 꼰대가 아니라고 했나? 나는 얼마 전 유행처럼 SNS에 번졌던 꼰대 유형 검사에서도 생각보다 높은 레벨을 받았었다. 회사에서도 업무에서만큼은 엄한 선배이지 마냥 편하고 좋은 선배는 아니다. 나와 함께 일했던 후배들이 '유미 사관학교 졸업생'이라고 불리는 것을 보면 알 만하지 않은가? 그냥 넘어가도 무방한 부분은 이해하지만, 지도나 코치가 필요한 부분은 지나치는 법이 없었다. 알겠지만, 지도나 코치는 상대에 관한 관심이 없다면 할 수 없다. 게다가 적절한 비용을 받고 1:1 코치를 해주는 게 아니라, 조직 내에서 다(多) 대 다(多)로 만난 사이에서 이루어지는 후배 지도는 그야말로 개인의 자발적 동기에서 출발한다. 다르게 말하면, 후배를 얼마나 아끼고 사랑하는지에 따라 다르다.

"선배에게 잘해야겠다는 생각이 들었어요." 어느 날, 후배가 불쑥 이렇게 말을 꺼냈을 때 적잖이 당황했던 게 사실이다. 평소 선배님처럼 되고 싶지 않지만, 선배님처럼 될 것 같다는 뼈 있는 농담으로 콕콕 찌르던 후배였다. 그러니 더 놀랄 수밖에. "엥? 네가 웬일이냐? 갑자기 왜?" 나는 엉거주춤한 자세를 고쳐 앉지도 못하고 못 믿겠다는 표정을 띤 채 대답했다. 그녀는 내 질문을 기다렸다는 듯 낭랑한 목소리로 대답을 이어갔다. "사람이 누울 자리를 봐 가며 발을 뻗는다고, 후배들도 자신의 고민을 전했을 때 함께 고민하고 개선을 위한 도전을 행동으로 옮겨줄 만한 선배를 찾게 되거든요. 선배가 뭐든 다

해결해 줄 수는 없지만, 그래도 시도하려고 해주시니까, 다들 선배를 찾게 되고… 그럼 선배는 여러 사람의 힘든 이야기를 들어줘야 하니 힘드시겠구나, 이런 생각을 했어요."

한 종합병원을 중심으로 다양한 이들의 이야기를 담은 소설《피프티 피플》에 등장하는 50명 주인공 중 한 명인 이설아는 옳은 소리를 하는 이로 유명하다. 몇몇 남자 선배들은 이런 그녀를 못마땅해하며 '싸움닭'이라고 부르기도 했다. 이런 말을 듣고도 그녀는 흔들리지 않고 되레 우리가 하는 건 싸움이 아니라, 건설적인 대화라고 응수했다.

정세랑 소설가의 소설 속 표현을 빌리자면 하품이 옮는 것처럼 강인함도 옮는다. 또, 지지 않는 마음이나 꺾이지 않는 마음, 이런 태도가 해바라기의 튼튼한 줄기처럼 옮겨 심어진다. 이설아, 그녀의 강인함이 상처 입은 여자들과 아이들에게 퍼져나가 삶을 살게 하였다. 나는 그렇게 단단한 사람은 못되지만 이런 이야기들이 내 마음에 남은 것을 보면 누군가에게 강인함을 전하는 사람이 되고 싶은가 보다. 옳다고 생각하는 바를 실천하는 사람이 되고 싶은가 보다.

상큼한 오렌지 같았노라 추억하는 그 시절의 나는 여자라는 성별을 떼어놓고 그저 후배로서 필요할 때는 따끔하게 혼도 내주기를 바랐었다. 남자 선배들은 대체로 군대에서 몸으로 익힌 조직문화 이외의 방법에 서툴렀다. 그들은 여자 후배들을 대하는 적절한 방식을 배우지 못했고, 관대함을 선택했다. 20대의 나는 그게 서운했다. 그래서였을까? 내가 선배의 자리에 올랐을 때 후배들에게 싫은 소리를 전하는 것도 마다하지 않았다. 세상에 싫은 소리를 하고 싶은 사람이 어디 있겠냐만, 책임과 의무라고 생각했었다. 평가와 판단은 자제했지만, 충고와 조언은 필요하다 판단되면 성별을 가리지 않고 동일하게 전했었다.

정혜신 작가는 책 《당신이 옳다》에서 알지 못하는 사람이 안다고 확신하며 기어이 던지는 충조평판(충고, 조언, 평가, 판단)의 말은 비수일 뿐이라고 했다. 이 말이 그런 나를 돌아보게 했다. 들을 준비가 되어 있지 않은 상대에게 전하는 충고와 조언이 얼마나 무용한지 경험으로 익혔다. 충분한 정서적 교감이 먼저이다.

시간이 좀 더 흘러 요즘은 후배들이 잠시 쉬어갈 수 있는 대나무 숲 같은 선배가 되고 싶다는 마음이다. 말하고 싶었는데 말하지 못하고 가슴에 묻어둔 이야기들이 있을 때 우리는 대나무 숲에라도 가서 외치고 오는 게 어떻겠냐고 말하곤 한다. 회사에도 이런 대나무 숲이 있다면? 내가 그런 대나무 숲이 되어 준다면? 선배에게 잘해야겠다는 생각이 들었다고 했던 후배의 낭랑한 목소리가 울창한 숲에서 메아리를 만들어내듯 내 안에서 울려댄다. 아직은 내가 바라는 것처럼 대나무 숲을 일구지는 못했지만, 대나무 한 그루 정도는 잘 키워내고 있나 하는 안심도 된다.

이 한 그루의 대나무는 생기발랄과 싸가지의 경계를 아슬아슬하게 넘나들던 나의 그 시절을 거름으로 삼아 무럭무럭 자라나지 않았을까?

아름아 같이 가! 아름아 먼저 나가!

한 남학생이 울상을 하고 교실에 뛰어 들어와 말한다. "아름이 MT 못 간대!" 교실에 있던 모든 남학생이 'I ♥ 아름'이 새겨진 티셔츠를 입고 "아름아! 같이 가!"를 목청껏 외쳐댄다. 예쁜 여학생의 얼굴이 클로즈업되고 그녀는 상큼하게 말한다. "그래! 가줄게." 2008년 소개되었던 KT 통신사 광고 '공대 아름이' 시리즈를 여전히 기억하는 이들이 꽤 많다. 당시 광고에 등장했던 단역 배우 중 한 명인 이광수 배우가 지금은 유명해져 아시아의 프린스라 불리는 까닭도 있겠다. 실제 공대 여학생 출신인 나는 이 광고를 볼 때마다 재미와 씁쓸함을 동시에 느꼈다. 그 양가감정이 지나고 나면, 자연스레 추억에 빠져든다. 내게도 언제, 어디서나 남학생들의 주목을 받는 '공대 아름이' 같은 시절이 있었다.

대학 때 나는 전공인 공대 과목들에 대한 흥미가 많지 않으면서도, 시험 기간이 되면 착실하게 도서관으로 향했다. 시험을 맞이하는 의식 같았던 나의 심야 도서관행에는 공대에 몇 안 되는 여자 동기 중 단짝 친구였던 A가 늘 함께였다. 고요한 열람실에 들어서

자 A가 호들갑을 떨며 속삭였다. “유미야 너 자리에 뭐 있는데? 뭐야?” 눈썰미 좋은 그녀가 먼저 내 책상 위의 변화를 발견한 것이다. 열람실 책상 위에 음료수와 쪽지가 수줍게 놓여 있었다. 쪽지를 펼쳐보지 않아도 어떤 내용일지 대충 짐작이 되었다. 이번엔 또 누구의 순수한 고백일지 발신자가 궁금했다. 꾹꾹 눌러 쓴 정갈한 글씨체였다. 수십 번의 고민 끝에 펜을 들었을 누군가를 상상해 보았다. 같은 수업을 듣는 남학생들의 얼굴을 하나하나 떠올려 보았지만, 짐작 가는 이가 없었다. ‘누구일까? 이번 학기 실험을 잘 도와주던 같은 조의 B 선배인가? 아니면 실험 조교 선배인가?’ 동기들과 선배들은 늘 이해할 수 없다는 반응이었지만, 공대를 다니는 여학생이라면 이처럼 크고 작은 ‘아름이’의 경험을 한 번씩 하기 마련이다. 고백까지는 받지 못하더라도 은근한 관심을 그림자처럼 달고 다니는 환경 속에서 대학 시절을 보내게 된다. 우리도 그랬다.

KT 통신은 첫 번째 광고가 인기를 끌자 연이어 2편을 제작했다. 배경이 대학교 강의실에서 펜션으로 바뀌었다. “아름아! 같이 가!”를 외치던 남학생들의 소원이 이루어진 것이다. 아름이를 가운데 두고 남학생들은 저마다 관심을 표현하느라 바쁘다. 누군가는 기타를 치고, 누군가는 노래를 부르고, 누군가는 맛있는 음식을 건네고, 또 누군가는 하트를 크게 그려 보이며 행복해하는 모습이다. 이때 한 남학생이 뛰어 들어와 다급히 외친다. “옆방에 여대 왔대!” 조금 전까지 아름이만 바라보던 남학생들은 언제 그랬냐는 듯 우르르 일어나 뛰

쳐나간다. 큰 방에 덩그러니 혼자 남은 아름이의 허탈한 표정 위에 '인생은 무한 경쟁'이라는 광고 카피 문구가 뜬다. 공대 입학과 함께 '공대 아름이'로 한껏 주목받던 나 역시 비슷한 경험을 하였다.

학년이 올라가고 공대 건물 너머로 시야가 넓어지면 공대 여학생에게 그림자처럼 따라붙었던 관심과 주목은 이제 싱그러운 후배들이나 인문 경영대 또는 예술대의 여학생들에게 자연스레 넘어간다. 취업 준비를 본격적으로 시작하면서 그동안 아름이로 살아온 시간이 내게 독이 되었다는 것을 뒤늦게 느낄 수 있었다. 여러 선배가 앞다퉈 구해주던 족보나 과제로 성적은 나쁘지 않았다. 서류 전형을 무사히 통과해 막상 면접을 준비하려고 보니, 전공 지식이 부족했다. 공대 아름이라는 달콤함에 취해 지냈던 시간이 떠올랐다. 지나고 보니 내가 취해있던 그것은 달콤한 독배였다.

내가 입사를 했을 때는 다행히 취업이 지금보다 수월하던 시절이었다. 덕분에 입사 동기도 많았다. 모수가 커진 만큼 여사원의 수도 많았다. 여전히 다수는 남자 사원의 몫이었지만, 그래도 연수를 받는 동안 함께 교류할 수 있는 여자 동료들이 꽤 여럿이었다.

연수를 마치고 뿔뿔이 흩어져 부서 배치를 받자 그 숫자가 눈에 띄게 줄었다. 소수의 무리에 속하면 반대의 경우에 대비해 눈에 띄고 주목 받기 쉽다. '공대 아름이'에서 겨우 벗어났는데, 공대 출신 남학생들이 가득한 사무실에서 다시 '회사 아름이'가 되었다. 1년 차

때는 팀장님이 여러 신입 사원 중 나의 이름을 먼저 외워주시는 특혜를 누렸다. 2년 차 때는 부장님이나 선배들에게 업무와 관련해 꾸중을 덜 듣는 특혜를 누렸다. 3년 차 때는 회식이나 번개가 있을 때마다 분위기의 중심이 되었다. 그러나 회사 아름이는 공대 아름이와 달리 무언가 잘못되어가고 있다는 것을 잊지 않았다. 달콤함에 마냥 취하지 않았다. '같은 실수를 두 번 반복하지는 말자. 잊지 마! 이건 달콤한 독배야.'

사실 '공대 아름이' 시리즈 광고가 대히트를 쳤을 때 나는 이미 사회생활 4년 차였다. 광고는 여학생이 드문 공대에 입학해 남학생들의 관심을 독차지하는 것이 마냥 유쾌하고 행복한 일인 듯 표현하였다. 글쎄, 정말 그럴까? 이 광고에서 보이는 여학생 '아름이'는 '학생'보다 '여자'의 역할이 강조되었다. 여대라는 더 다양한 가능성이 주어지자 '여자'라는 역할이 가지는 가치는 상실되었다. 나는 그녀가 계속 단 한 명의 여학생이라는 점, 즉 '소수'라는 게 눈에 들어왔다. 공대 출신의 여자들은 대학 시절이나 취업한 이후나 계속 소수에 속하게 되는 경우가 대부분이다. 학년이 올라갈수록, 연차가 올라갈수록 점점 더 소수가 되었고, 특혜를 받는 '공대 아름이'나 '회사 아름이'라는 편견은 점점 더 그림자를 짙게 드리웠다.

회사생활을 하는 동안 아름이라는 전용 엘리베이터를 탄 게 아니란 걸 보여주려고 노력했다. 그냥 조금 잘해서는 안 되었다. 모두가 이해할 만한 월등한 실력과 성과를 보여주어야 특혜의 의혹에서 벗어날 수 있을 것 같았다. 타고난 책임감도 물론 한몫했다. 책임감이라고 하니 떠오르는 일화가 있다.

그때 우리 부서원 모두는 몇 주째 의미 있는 결과를 내지 못하고 있는 불량 분석에 지쳐있었다. 무거운 침묵 속에 입을 연 과장님이 새로운 제안을 하였다. "이번 불량은 현장에 직접 가서 업체랑 이야기해보는 게 좋을 것 같습니다." 별다른 대안이 없었던 지라 그룹장님도 곧바로 수긍하였다. "그러는 게 좋겠군. 이 업체 담당이 누구지? 담당자는 바로 미국 출장 준비하도록 합시다." 그 담당자는 슬프게도 바로 나였다. 일하다 보면 긴급 출장도 갈 수 있는 거지 그게 뭐 그리 슬픈 일이냐고 의아할 수 있겠지만, 당시 내게는 그럴만한 이유가 있었다. 꽤 오래전부터 가족 여행을 계획 중이었기 때문이다. 한국에서 출발할 부모님과 나는 어학연수를 마치고 귀국하는 동생과 홍콩 시내 호텔에서 가족 상봉을 할 계획이었다. 꼭 담당자가 아니어도 회사 일은 톱니바퀴처럼 문제없이 돌아간다는 것을 지금은 안다. 당시의 나는 내가 빠지면 무슨 큰일이라도 나는 줄 알았다. 공사 균형이 맞지 않는 시대를 살아오신 부모님 역시 회사 일이 먼저라며 이해해주셨다. 결국 출장비 이상의 위약금과 수수료를 물고 가족 여행을 취소한 후, 나는 홍콩행이 아닌 미국행 비행기에 올랐다.

이런 융통성 없는 노력 때문이었는지 인사 평가는 좋은 편이었다.

동기들보다 1년 빨리 과장으로 승진하였고, 회사에서 보내주는 어학연수 프로그램에도 선발되었다. 다만, '여성 인력 우대 정책' 덕분이라는 꼬리표가 붙을 때가 많았다. 쉽게 떨어지지 않는 이 꼬리표는 내가 느껴야 할 기쁨을 반감시켰다. '회사 아름이'에서 벗어나지 못했음을 상기시켜 주었다. 순수하게 경쟁하고, 공정하게 평가받아, 기쁨을 온전히 느끼고 싶었다. 이런 바람이 큰 욕심이었을까? 우리와 경쟁하던 남성들 역시 역차별이라는 피해 의식을 갖기 쉬웠다. 이건 그의 잘못도 그녀의 잘못도 아니었지만, 우리는 서로서로 경계하고 모두가 상처받았다.

국내 회사의 인사평가는 대부분 등급별 비율이 정해져 있다. 모두가 다 우수한 능력, 태도, 성과를 보였다 하더라도 절대로 부서원 모두가 A를 받을 수는 없다. 동료가 A를 받으면 나는 B나 C를 받아야 한다. 이 슬프고도 잔혹한 현실은 조직사회를 정글로 만든다. 약육강식이라는 정글의 법칙은 최약자를 1순위 표적으로 만든다. 각 조직의 소수집단에 속한 이들이 최약자로 분류되는 경우가 많다. 남성이 다수인 조직에서는 여성이, 반대로 여성이 다수인 조직에서는 남성이 그 대상이 된다. 전자의 경우 소수 집단인 여성, 그중에서도 특히 출산 후 육아휴직을 다녀온 워킹맘들은 그야말로 1순위 급행 티켓을 가지게 된다. 그녀들은 원 밖으로 밀어내려는 힘에 저항하며, 원의 가장자리에서 아슬아슬하게 곡예를 펼친다. 그들의 모습을 보며 그려보는 나 그리고 후배들의 미래 역시 결코 아름답지만은 않다.

'I ♥ 아름'이 새겨진 티셔츠를 입고 "아름아! 같이 가!"를 목놓아 외쳐주던 남학생들은 이제 없다. 아름이는 MT에 꼭 함께 가고 싶은 선망의 대상에서 경계의 대상이 되었다. '회사 아름이'라는 꼬리표를 단 채로 원 밖으로 던져지고 싶지 않다면, 잔뜩 날이 선 경계 속에서 살아남고 싶다면, 방법은 하나다. 꼬리표를 붙이기 어려울 만큼 탁월한 실력을 갖추면 된다. 왜 나만 이렇게 가혹한지, 언제까지 이래야 하는지, 억울하고 답답할 수 있지만, 소수이기 때문에 어쩔 수 없는 슬픈 숙명이다. 그럼, 소수로 살아가는 이들의 삶은 모두 편견과 끝없는 전쟁이란 말인가? 지난 시간을 돌아보니, 꼭 그렇지만은 않다.

융통성 제로에 깐깐하고 무섭기로 소문난 H 부장님은 모두의 기피 대상이었지만, 지금 돌이켜 생각하면 내게는 감사한 분이다. 많은 남자 선배들이 여자 후배 지도에 난색을 표할 때에도, 그분만큼은 거침없는 독설을 아끼지 않으셨다. 부장님과 함께 일했던 그 시간 동안 혼나기도 많이 혼나고 눈물도 많이 쏟았지만, 누구도 내게 '여성 특혜'나 '여사원 우대' 등의 단서를 달지 않았다. 업무 능력은 눈에 띄게 상승했다. 아름이라는 꼬리표로부터 자유로웠던 시절이었다.

런닝머신이 멈출 때까지 '존버'

대리 시절, 3개월간 미국 장기 파견을 나갔다. 잠시 공석이 되었던 주재원 자리를 채우기 위한 출장이었다. 사무실과 호텔을 왕복하는 생활을 하던 중 한 통의 메일을 받았다. 선배 A의 퇴직 인사 메일이었다. 어느 조직이든 밀물과 썰물처럼 나가는 이가 있고, 들어오는 이가 있기 마련이다. 이곳에서 업무로 만난 우리는 잠시 한배를 타고 공동의 목적지를 향해 나아가는 길벗이다. 회사를 다니며 처음 접하는 퇴직 소식도 아니었다. 길벗은 수없이 변해왔는데, 가슴이 유난히 먹먹했다. 한달음에 쫓아가 그녀의 얼굴을 보고, 손을 맞잡고, 마음이 어떠냐고 물어보고 싶었다. 그럴 수 없었던 나는 캘리포니아 산호세에 있는 사무실에 앉아 한숨을 뱉었다. 메신저 창을 띄웠다. "선배님…" 다음 말을 어떻게 해야 할지 몰라 글씨를 썼다 지웠다 했다.

워킹맘들의 삶에는 애달프다는 형용사가 어울린다. 엄마에서 회사의 직원으로, 직원에서 다시 엄마로 상태 전환을 여러 차례 반복해야 그녀들의 하루가 겨우 끝난다. 퇴근과 동시에 다시 집으로 출근하는 그녀들은 대체 언제 마음 편히 쉴 수 있을까? 선배는 양가 부모님께서 모두 멀리 계셔서 도움받기 어려운 상황이었다. 초보 워킹맘은 혼자서 애를 쓰며 아등바등했으리라. 육아 퇴직이 선배에게는 제일 나은 선택이었겠지만 내 마음은 헛헛했다.

"이렇게 됐네. 유미 씨는 똑똑하고 잘하니까 나보다 더 잘 해낼 거야. 응원할게." 머뭇거리며 다음 말을 이어가질 못하는 나를 대신해 선배가 빠르게 메시지를 보내왔다. 자동 응답기마냥 준비된 듯한 답변이었다. 퇴근 후 호텔로 돌아왔지만 답답한 마음이 풀리지 않았다. 옷을 갈아입고 호텔 헬스장으로 향했다. 그날 나는 출장 중 처음으로 땀을 쏟으며 러닝머신을 달렸다. 선배가 올라탄 러닝머신이 멈춰 선 그날 나는 더 속도를 높여 열심히 달렸다.

매년 가을이면 해외로 파견된 주재원들이 모두 본사에 모여 워크숍을 가진다. 꽤 여러 해 전 워크숍 참석을 위해 잠시 귀국한 B 선배가 내게 불쑥 말을 건넸다. "유미 씨 그거 알아? 여자 주재원들은 사연 없는 집이 없다?" 나는 결혼 후에야 그녀들이 겪었을 어려움이 비로소 이해되었다. 한국 사회에서 맞벌이인 경우는 있어도, 아내 혼자 외벌이인 집은 드문 편이다. 아내가 해외 주재원을 가게 된다면, 남편은 다니던 회사를 휴직할지, 퇴사할지 등 본인의 거취에 대한 결정이 필요하다. 우리 사회는 여전히 집안의 가장은 남자라는 풍토가 남아있다. 내 며느리가 주재원을 나가게 되어 아들이 회사를 쉬거나 혹은 그만둬야 한다는 현실을 쿨하게 받아들일 시부모님이 과연 몇이나 될까? 그래서일까? 아내가 주재원 파견을 나가는 경우, 아이들은 엄마를 따라 함께 떠나더라도, 남편은 한국에 홀로 남는 경우가 꽤 있다. B 선배의 경우가 꼭 그랬다. 선배의 남편은 한국에 남았고, 선배는 두 아이와 함께 주재원 길에 올랐다. 외국에서 아이 키우랴, 일하랴, 바쁠 딸이 걱정되셨던 선배의 친정 부모님은 본인들의 삶 대신 딸을 선택하셨다. 그들은 고국을 떠나 낯선 타지에서 사위의 빈자리를 채우고, 손주들의 양육을 전담하셨다.

가족 비자 법이 까다로운 나라의 주재원으로 발령받았던 C 선배의 경험담은 더 놀라웠다. 남편과 달리 양가 부모님은 가족 비자 발급이 쉽지 않아, 결국 3개월짜리 관광비자를 받으셨다. 4분은 친정엄마, 친정 아빠, 시어머니, 시아버지의 순서로 3개월씩 돌아가며 한국을 떠나 먼 타지에서 손자 손녀들을 돌봐주셨다. 시아버지의 순서가 되었을 때 며느리인 C 선배는 어땠을까?

나는 육아 퇴직이나 여자 주재원의 고군분투기와는 조금 다른 어려움을 겪었다. 누구라도 마음만 먹으면 쉽게 임신과 출산을 하는 줄 알았다. 내 주위 대부분이 그랬다. 결혼했다 싶으면 임신 소식을 알려왔고, 시간이 흐르면 출산 소식으로 이어졌다. 지인 중에는 허니문 베이비 소식을 전해온 이들도 많았다. 모든 일에 예외가 있기 마련이다. 그러나 하필 그 예외가 나일 줄이야. 생각지도 못한 일이다. 임신이 늦어질수록, 나는 주재원이라는 커리어 패스에서 멀어졌다.

어디서 소식을 들었는지 D 선배가 내게 말했다. "L 과장 소식 들었어? 그 집도 난임이었는데 해외 가서 자연 임신이 되었대. 유미 과장도 주재원으로 나가보는 게 어때? 환경이 바뀌면 좋은 소식이 생길지 또 누가 알아?" 표정을 보니 그의 마음은 선의였다. 그래서 불쾌하지 않았고, 다만 조금 안타까웠다. 나는 미소를 띤 채 덤덤히 말했다. "좋은 소식이네요. 근데 환경이 바뀌어서 편해진 건 아내지, L 과장님은 아니었을 거예요. 저는 주재원 당사자로 나가는 거라 편할지 모르겠어요." 선배의 얼굴에 가득했던 미소가 사라지고, 표정이 차갑게 굳었다. 당혹감 때문이었으리라. "남자가 임신을 대신해줄 수 있다면, 저도 주재원으로 나가고 싶네요. 배우자에게는 회사를 잠시 쉬고 해외 생활을 즐길 수 있는 편안한 환경을 만들어주고 싶고요."라고 상상 속에서 쏘아붙이며 혼자 카타르시스를 느꼈다.

지금은 하늘의 별이 된 고(故) 이건희 회장은 여성 인력 활용의 중요성을 강조하며, 남녀차별 관행을 없애고자 노력한 것으로 유명하다. 그가 1997년에 쓴 에세이 《생각 좀 하며 세상을 보자》에는 이런 그의 생각이 담겨 있다. 여성 인력을 활용하지 않는 것은 바퀴 하나가 바람이 빠진 채 자전거 경주를 하는 형국이며, 이는 국가적 낭비라고 꼬집었다. 여자라는 이유로 불이익을 준다면, 당사자가 느낄 좌절감 외에도 기업의 기회 손실은 어떻게 할 것인지 물으며, 다른 나라에 비해 여성 인재 등용에 보수적인 한국 사회를 비판하였다. 2011년 여성 임원들과 함께한 오찬 자리에서는 여성은 배려 차원이 아니라 기업의 생존을 위해 필요하며, 여성 임원이 본인의 뜻과 역량을 모두 펼칠 수 있는 사장까지 되어야 한다고 강조했다.

그가 책을 쓴 지 20년이 넘게 흘렀다. 여성 임원들과 오찬 자리를 가진 지도 10년이 넘게 지났다. 지금의 상황은 어떨까?

2020년 어느 뜨거운 여름날 이재용 삼성전자 부회장이 수원 사업장을 찾아 여성 임직원들과 간담회 시간을 가졌다. 워킹맘들의 목소리를 듣기 위해 마련된 자리였다. 이를 소개한 기사에는 2019년 기준 여성 임직원 비중 40.2%, 여성 간부 비중 14.67%, 여성 임원 비중 6.53%라는 통계수치가 덧붙었다. 기자는 여성 임원 비중이 2009년 0.76% 대비 약 9배나 증가한 수치라고 강조했다. 네티즌들은 여성 직원의 수와 남성 직원의 수가 비슷하다며 칭찬했다. 나는 여전히 낮은 여성 간부와 임원의 비중에 눈길이 갔다. 9배나 증가했다는 여성 임원 비중은 아직도 한 자릿수이다. 이는 여성 직원의 대부분이 사원 또는 대리급이라는 뜻이다. 또, 이는 여성의 진급율이 낮거나, 남성보다 여성들의 중도 포기가 많다는 뜻이기도 하다. 국내 기업 중 여성 근무 환경이 좋은 편이라고 손꼽히는 회사인데도 말이다.

왜 여성 직원들의 진급율은 낮고, 중도포기는 많을까? 결혼 후 아이를 낳고 기르는 보통의 가정이 자녀 양육이라는 현실적인 문제에 부딪혔을 때 고를 수 있는 선택지는 많지 않다. 여성이 엄마라는 역할 대신 기업의 간부 역할을 선택하기 위해서는 누군가 대신 엄마 역할을 해주어야 한다. 앞서 내가 일하면서 만나온 A, B, C 선배들처럼 부모님께 도움을 청하거나, 도우미 아주머니를 구해야 한다. 이 모든 게 여의치 않은 경우 마지막 선택지는 결국 여성 본인의 휴직이나 퇴사이다. 여성이 일을 계속하기 위해서는 또 다른 여성의 노동력으로 그 공백을 채워야 하는 게 여전히 반복되고 있다.

기사는 또 회사가 임신, 출산, 육아 등의 지원을 위해 다양한 제도를 운영 중이라고 소개했다. 실제로 여러 대기업은 임신·출산휴가, 육아휴직 등의 제도를 마련하고 있고, 사내 어린이집을 운영하는 경우도 있다. 그러나 어린이집 정원은 모든 임직원의 자녀를 수용할 수 있는 수준이 되지 못한다. 아이들은 초등학교 입학 후에도 엄마의 손길이 여전히 필요하지만, 이에 대한 회사의 지원은 미미하고, 국가의 정책은 피부에 와 닿지 않는다. 현실은 이마저도 갖추지 못한 직장이 많다. 그녀들은 오늘도 바쁜 업무 틈틈이 동료들의 눈치를 보며 수화기 너머 아이를 낮은 목소리로 다그친다. 아슬아슬 줄타기를 하며 하루를 버틴다.

모든 사람은 동일하게 매일 24시간의 시간을 가진다. 워킹맘의 하루라고 48시간은 아니다. 그녀들이 한정된 24시간 내에 두 가지 역할을 해내기 위해서는 대단한 슈퍼우먼이 되거나, 양쪽 모두 50점짜리 역할을 하거나 둘 중 하나이다. 회식은 언감생심이고, 주요 정보나 이런저런 소문의 중심에서도 점점 멀어진다. 죽어라 버텨도 50점 이상 내기 어렵고, 기껏해야 70점 수준이다. 사내 여론의 중심에서 100점 이상의 목표를 향해 달려가는 이들과 그녀들이 벌이는 경기, 결과는 어떨까? 그 많던 여자 신입사원이 위로 갈수록 줄어, 여성 임원 비중은 여전히 한 자릿수인 이유를 알 것 같다. 이는 양육의 문제가 가정과 개인의 몫으로 남아있는 한 개선되기 어렵다.

입사 연수 때 한방에서 동고동락하며 끈끈하게 우정을 맺어온 여자 동기들끼리 동남아 여행을 다녀온 적이 있다. 부서는 모두 다르지만, 소수의 공대 여자로서 연차를 쌓아가고 있다는 공통점만으로도 우리는 서로의 처지를 척하면 딱하고 이해하는 사이가 되었다. 3박 4일의 동남아 여행에서 우리는 회사, 일, 가정, 육아 그리고 우리 자신의 삶과 꿈에 대해 수많은 이야기를 나눴다. 여행 중 어느 뒷골목 전통 찻집에서 주먹을 서로 모아 사진도 한 장 찍었다. 그것은 우리가 서로 버텨준 것에 감사하고, 앞으로도 함께 의지하며 버텨나갈 것을 다짐하는, 나름의 의식 같았다. 삼국지의 도원결의처럼 말이다. 공자는 "멈추지 않는 이상, 얼마나 천천히 가는지는 문제가 되지 않는다"라고 말했다. 우리가 올라탄 러닝머신은 느리지만 멈추지 않고 지금도 계속 진행 중이다.

《좋은 년, 나쁜 년, 이상한 년》

몇 해 전 봄 남편과 함께 맛있는 케이크와 와인을 골라 입사 동기 언니네 집으로 향했다. 문을 열고 반기는 언니를 향해 폭포수처럼 축하 인사를 쏟아놓았다. "언니, 진짜 대단하다. 어떻게 애 낳고 키우면서 1년 특진을 하냐. 정말 축하해." 앞치마를 두르고 음식 준비를 하다 뛰어나온 언니가 꼬맹이들의 부산스러운 웃음소리를 뚫고 대답했다. "고마워. 사실 나 힘들었어."

입사 동기의 1년 이른 부장 승진은 내게 고무적인 일이었다. 그녀의 승진이 내 일처럼 기뻤고 함께 모여 축하도 했다. 석사 학위가 있어 동기들보다 늘 2년 빨랐던 그녀였기에 부장 승진을 대수롭지 않게 생각하는 이들도 있었다. 그녀가 그동안 아이 2명의 출산과 육아휴직 기간을 가졌음에도 불구하고, 1년 빨리 부장으로 승진했다는 속사정을 모르기 때문이리라. 이런 제약을 이겨내고 달성한 그녀의 성취는 객관적으로 보아도 대단한 일이었다.

골라온 케이크 위에 그녀의 승진을 축하하기 위해 불을 밝힌 초가 환하게 타올랐다. 초는 자기 몸을 녹여 빛을 밝힌다. 자신의 몸이 사라지는 줄도 모르고 아름다운 불꽃을 만들어내는 것이 사명인 듯 활활 타오른다. 눈부신 성과와 화려한 환호를 위해 그녀 역시 자신의 몸이 타는 줄도 모르고 그 시간을 버텨왔을 터다. 아이를 재운 뒤 조용히 거실로 나와, 다시 불을 밝히고 일했던 날도 많았단다. 그녀의 시간은 내내 아름다웠을까? 아이들에게는 미안하고, 회사에도 전념하지 못한다는 자책을 안고 살지는 않았을까? 이리저리 뛰어다니며 매일 전쟁 같은 일상을 보내느라, 정작 자신이 얼마나 힘들고 아픈지는 돌아보지 못했을 것이다. 그 혹독한 시간을 그래야만 한다고 스스로 다그치며 버텨냈을 것이다. 그야말로 '존버' 끝에 얻은 특진이랄까?

나도 그녀처럼 '존버'를 하려던 참이었다. 어느 날 팽팽하던 용수철이 내게 '이제 그만'이라고 외쳤다. 부장님에게 면담 요청을 하였다. 이렇다 할 불평불만 없이 묵묵히 일하던 나의 갑작스러운 면담 요청에 부장님은 당황한 눈치였다. 길게 끌고 싶지 않아 준비된 말을 바로 내뱉었다. "부장님, 죄송합니다. 저 1년 쉬어야 할 것 같아요. 난임 휴직 신청하고 싶습니다." 마침표를 찍기도 전에 이미 눈주위가 뜨거워지는 게 느껴졌다. 눈물이 차올라 더 이상의 부연 설명을 이어가지 못했다.

앞만 보고 달리던 나는 이렇게 잠시 경로 이탈을 감행했다. 잠시 돌아가는 것일 뿐, 아예 멈춰 선 것이 아니라고 자신을 다독여 보았지만, 상실감이나 좌절감 등이 느껴지는 것은 어쩔 수 없었다. 나와 비슷하게 혹은 나보다 뒤에서 뛰던 이들이 나를 앞질러 나가기 시작했다. '유미 씨, 미안. 내가 좀 먼저 갈게~' 차이를 벌려가는 그들의 단단한 등을 바라보고 있자니 손에 쥐었던 것들이 와르르 빠져나가는 기분이었다. 그동안 나는 잡히지 않는 모래를 움켜쥐고 있었구나. 내 삶의 목적에 맞는 더 가치 있고 중요한 일을 위해 잠시 트랙에서 내려왔음을 알지만 큰 위안이 되지 않았다. 난임 휴직을 하고 보니 내가 관리자여도 여자 직원보다는 업무 공백 가능성이 적은 남자 직원을 선호하겠구나 싶었다. 이런 생각은 나 자신을 더 위축시켰고, 보이지 않는 유리 장벽을 스스로 견고하게 쌓게 하였다.

"Code compiler pioneer France Allen died at 88" 어느 날, 업무 목적으로 자주 접속하는 IT 뉴스 사이트에서 부고 기사를 보게 되었다. 이름이 익숙하지 않은 이분이 누구길래 기사가 났을까 하는 호기심으로 기사를 클릭했다.

프랜시스 앨런, 그녀는 1957년 IBM에 코드 강사로 입사한 후 코드 컴파일러와 병렬 컴퓨팅 등에 기여를 인정받아 1989년 IBM의 펠로우가 된 최초의 여성이다. 이후 2006년에는 컴퓨터 과학의 노벨상이라 불리는 튜링상을 여성 최초로 수상하였고, 국제 전기전자협회인 IEEE는 그녀의 이름을 딴 상을 준비할 예정이라고 하였다. 이 기사는 '컴퓨터 업계로서는 슬픈 한 주다'로 시작하여 '그녀가 그리울 것이다'로 끝이 났다.

1957년이면 우리나라는 한국전쟁이 끝나고 무너진 나라를 다시 일으켜 세우고 있을 건국의 시기이다. 그 무렵 바다 건너 저 멀리에서는 컴퓨터 과학 분야의 구루(Guru)가 될 한 여성이 IBM에 입사했고, 20년 후 펠로우가 되었다. IT 회사에서 펠로우 임명이란 세계 최고 수준의 기술력을 보유한 전문가로 인정하는 것으로, 그 회사 연구 분야의 최고직을 수여했다고 볼 수 있다. 우리나라 기업들은 어떨까? 글로벌 기업 반열에 오른 삼성전자도 펠로우 제도를 운영 중으로, 최초의 여성 펠로우는 지난 2018년에 임명되었다. 프랜시스 앨런이 IBM 최초 여성 펠로우로 임명된 후 약 30년의 세월이 흐른 시점이다. 펠로우까지 가지 않더라도 국내 기업의 여성 임원 비중은 여전히 낮고 그래서 큰 화제가 되기도 한다.

2020년 본인의 생일인 8월 4일에 88세의 나이로 사망한 프랜시스 앨런은 기술 분야에서 여성을 발전시키는 데 중요한 역할을 했다. 그녀는 많은 여성 프로그래머들의 멘토가 되었다. IT나 Tech 업계에서는 그녀처럼 한 분야에 통달해 스승이나 멘토로 불릴 만한 전문가를 구루(Guru)라고 부르기도 한다. 국내 기술 분야에도 이렇게 구루라 칭할만한 여성 멘토들이 있을까? 여성 인력 활용에 가장 적극적이라는 삼성전자 역시 여전히 직급이 올라갈수록 여성 임직원의 수가 급격히 줄어들어, 여성 임원의 비중은 한 자릿수에 그친다. 대학

진학률과 학위 취득률 모두 성별에 따른 차이가 없어진 지 오래지만, 여성 최고 경영자는 여전히 오너 일가가 아니면 찾아보기 힘들다. 최고경영자까지 갈 것도 없다. 사무실을 한번 둘러보면 떠오르는 의문이 한둘이 아니다. 신입사원 때 그 많던 똑똑한 여자들은 대체 다 어디로 갔을까? 사무실에 남은 여성 부장은 왜 손에 꼽을 정도의 숫자일까? 여성 임원 임명은 왜 가뭄에 콩 나듯 희귀할까? 중도 하차한 능력 있는 그녀들은 모두 어디에서 무엇을 하고 있을까? 이런 구조에서는 다양한 여성 멘토도 구루도 찾기 어렵다.

기술 분야에만 국한된 이야기가 아니다. 예능이나 영화, 드라마 등에서도 나이 든 여성의 캐릭터는 한정적이고 비좁다. '이 언니들도 한때는 대단했다'라는 말로 젊음과 외모를 가졌던 과거에만 머물 뿐 현재의 그녀들에게 관심을 두지 않는다. 나이 든 여성의 캐릭터는 엄마 혹은 노처녀로 이분화된다는 한 기사는 꽤 그럴싸하다. 남자 캐릭터는 어떨까? 이 질문에 2008년에 개봉했던 영화 《좋은 놈, 나쁜 놈, 이상한 놈》이 떠오른다. 영화에만 3개의 서로 다른 캐릭터가 나오고, 이후 '놈' 열풍을 이끌며, 수많은 놈 캐릭터를 만들어냈다. 여기서 '놈'을 '년'으로 바꿔 말한다면? 여성 캐릭터로 이런 영화나 패러디가 나올 수 있을까? 캐릭터의 다양성도 문제지만, '년'이라는 단어가 가진 비속어의 느낌이 먼저 우리를 가로막는다. 이런 제약들이 사라지지 않는 한, 《좋은 년, 나쁜 년, 이상한 년》이 나오기는 어렵지 않을까?

회사라는 공간은 일을 중심으로 사람이 모였다 흩어진다. 취향이 같든 다르든, 성격이 맞든 맞지 않든, 일을 목적으로 한솥밥을 먹으며 하루 중 대부분의 시간을 함께 보내야 한다. 그 때문인지 직장인들의 퇴사 1순위는 여전히 업무 고충이 아니라 인간관계이다. 역설적이게도 그렇기 때문에 회사는 다양한 인간의 군상을 관찰하고 알아가기에 좋은 장소이다. 입사 후 다양한 '놈놈놈'을 만났다. 함께 일했던 많은 '놈' 중 어떤 이는 반면교사 삼아 저런 상사는 되지 말아야겠다 싶었다. 또 다른 어떤 이는 볼 때마다 존경의 마음이 절로 들고 꼭 저런 상사가 되고 싶다는 꿈을 꾸게 하였다. 눈앞에 여러 군상이 있을 때, 우리는 실존하는 그들의 모습을 보면서 나의 미래의 모습이 어떠하기를 바라는지 생생하게 그려볼 수 있다. 누군가는 여자의 롤 모델이 반드시 여자 선배여야 하는 이유는 없지 않냐고, 남자 선배들을 롤 모델로 삼으면 되지 않냐고 물을 수도 있다. 맞는 말이지만 한계가 있다. 생리, 결혼, 임신, 출산, 육아, 체력 저하 등 여자이기 때문에 겪을 수밖에 없는 생물학적 고충과 사회적 부담을 극복하며 성장해 그 위치에 오른 비결이 궁금하다면? 위인전에서 만나는 여성들의 이야기가 아닌, 살 부딪히며 함께 시간을 보내는 현실 속 다양한 여성 롤 모델이 절실하다. 이 글을 읽는 당신이 남자라면, 당신의 아내와 딸이 살아갈 건강한 사회를 위해 다양한 여성 롤 모델은 반드시 고민해야 할 부분이다.

배의 안전한 항해를 위해 설치하는 항로 표지를 부표라고 한다.

분명한 표지판이 없는 바다 위에서 부표는 나의 위치를 알게 하기도, 목표 지점이 되기도 한다. 공대에 진학하는 순간부터 나는 여자가 소수이고 여성 롤 모델이 적은, 즉 부표가 적은 집단의 길을 선택한 셈이다. 모든 일에는 양단이 있기 마련이고, 앞서 이야기했듯이 독배인지도 모르고 소수의 특혜를 향유하던 시절도 있었다. 연차가 쌓이고 직급이 올라가니, 소수의 특혜는 편견의 꼬리표로 돌변하여 내 뒤를 따라다녔다. 연차가 올라갈수록 길잡이가 되던 부표는 더욱 급속도로 줄었다. 나는 이제 조직에서 누군가의 멘토가 되어야 하는 위치에 이르렀다. 난임 휴직을 하면서 가장 마음 쓰였던 것 중 하나는 좋은 선배이자 길잡이가 될 든든한 부표의 모습을 보여주지 못한 게 아닌가 하는 미안함이었다. 이런 내게 오지랖도 적당히 하라며 충고하는 이들도 있다. 틀린 말은 아니다. 후배들을 챙기고 나아갈 방향을 제시하는 것도 일단 내 앞가림을 제대로 하고 난 후에야 가능한 일이다. 하지만 어쩌겠는가? 이 타고난 오지랖은 평생 나와 함께 할 벗이니 말이다.

영화 《좋은 놈, 나쁜 놈, 이상한 놈》을 추억하니, 정우성 배우의 사진만 보아도 콩닥콩닥 가슴이 뛰던 그 시절의 내가 떠오른다. 그러나 스타를 향한 팬의 절절한 마음이라는 '덕심'으로 포장하여도 그 배우가 열연한 좋은 놈은 어째 좀 심심한 느낌이다. 가장 강렬했던 캐릭터는 이병헌 배우가 연기한 나쁜 놈이었고, 가장 오래도록 기억에 남는 것은 송강호 배우가 연기한 이상한 놈이었다. 그래 결심했다. 나는 이상하고 나쁜 듯하지만, 사실은 따뜻한 '년'이 되어야겠다. 한마디로 정리하자면 '츤데레'쯤이 되지 않을까? 당신은 어떤 '년' 캐릭터를 담당하겠는가? 어떤 여성 롤 모델이 되고 싶은가? 그게 무엇이든 자신만의 색이면 된다. 우리의 서로 다른 색들은 아름다운 무지개를 만들어낼 것이고, 다음에 올 그녀들은 우리가 꽃피운 이 다양성 덕분에 조금 쉽게 자신만의 색을 찾을 수 있을지도.

빈센트 반 고흐, <자화상>, 1889년작

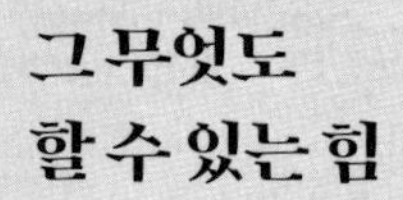

그 무엇도 할 수 있는 힘

작가 이수아

"나는 따뜻한 온기를 품은 '행복 작가', 이수아입니다."

지적장애를 가진 부모님 밑에서 태어났다. 설상가상 가난한 가정환경으로 어렵게 자란 그녀는 누군가에게 사랑을 받는 것이 무엇인지 모르고 자라왔다. 성인이 되어서도, 일명 '애정 결핍'을 채우기 위해 타인에게 끊임없이 사랑을 갈구했고, 오랜 시간 동안 건강한 인간관계를 맺지 못한 채 끊임없는 방황 속에서 헤어 나오지 못했다. 그녀는 계속되는 인간관계의 상처 속에서 이 모든 것이 자신의 잘못이라 생각하며 우울한 시기를 보냈다.

점점 동굴 속으로 들어가던 어느 날, '여기서 주저앉으면 안 돼'라고 마음이 외치는 소리를 들었다. 지금의 상황이 자신의 잘못이 아니라, 주어진 환경을 넘어서야 하는 자신의 숙명임을 깨달았다. 그 이후 다시 일어선 그녀는, 스스로에게 끊임없이 질문하고, 변화를 시도한다. 그리고 기꺼이, 행복한 삶을 살기 위한 '성장의 과정'을 겪기로 결심했다.

그 과정에서 어두웠던 자신의 과거와 마주하며 애정 결핍이 있는 자신의 모습을 온전히 받아들이게 되었고, 마음의 상처를 스스로 극복하게 되었다. 진정한 행복의 의미를 새롭게 재정립하게 된 그녀는 현재, 꿈을 향해 열정적으로 나아가며, 도전하고 주체적인 행복한 삶을 만들어가고 있다.

다시 일어서는 성장의 과정에서, 힘들었던 과거를 묵묵히 견뎌내고, 자신의 결핍을 스스로 극복했던 경험을 바탕으로, 여전히 애정 결핍으로 힘들어하고 있는 사람들이 자신의 참다운 삶을 찾는 데 도움을 주고자 이 책을 집필하게 되었다.

독자의 힘든 상황과 마음의 상처를 공감하며 진심으로 소통하고 도와주는 '행복 작가'라는 닉네임으로 독자들에게 다가가고 싶다는 그녀는, 앞으로도 작가로서 활동을 계속 이어나가며 많은 사람에게 선한 영향력을 끼치는 제2의 작가 인생을 이루기 위해 온 마음을 다하고 있다. 이 책을 집필한 저자의 '진심'이 독자들에게 닿아 행복한 삶을 살아갈 수 있기를 간절히 소망하고 있다.

Email : leesuawriter@gmail.com
Instagram : @leesuawriter_official
Homepage : www.happywriter.co.kr
Blog : blog.naver.com/sualee4937

혼자가 편하면서도 혼자가 괴로운 사람들

고대 그리스의 철학자 아리스토텔레스는 "인간은 사회적 동물이다."라는 명언을 남겼다. 인간은 사회 속에서 타인과 상호작용하며 살아간다는 뜻이다. 우리는 사회적 동물이기 때문에 앞으로도 타인과 꾸준히 인간관계를 맺으며 살아갈 것이다. 살아가는 데 있어 인간관계는 매우 중요하다. 어떻게 하면 인간관계를 잘 맺을 수 있을까?

취업한 지 얼마 되지 않은 회사원 A 씨가 있다. 평소 소심하고 내성적인 성격을 가지고 있는 A 씨는 '어떻게 하면 회사생활을 열심히 할 수 있을까?' 생각하다가 예전 인터넷 포털사이트에서 '회사생활은 인간관계를 잘 맺어야 한다'는 글을 봤던 걸 떠올렸다. A 씨는 '그래, 모든 사람과 친해져야지!'라고 생각했고, 사람들과 친밀하고 원활한 관계를 맺기 위해 열심히 노력했다. 하지만 소심하고 내성적인 성격으로 인해 사람들에게 먼저 다가가는 것에 굉장히 큰 어려움을 느끼고 있었다. 그러던 중 "A 씨는 조용하고 말수가 없네."라고 말한 회사 직속 선배 B 씨의 말을 들은 A 씨는 마음의 상처를 받고 말았다. '내 성격이 이런 걸 어떡해. 성격을 단번에 바꿀 수도 없고….'

A 씨는 자신에게 상처 주는 말을 했던 직속 선배 B 씨를 마음속으로 미워했다. '저 선배가 이상한 거야!'라며 자기 자신을 계속 합리화시켰다. 혼자서 끙끙댈수록 마음의 상처는 깊어갔고, 사람들과 좋은 관계를 맺는 것도 어렵기만 했다. 그러자 생각도 점점 부정적으로 흘러갔다. '도대체 사람들은 왜 나를 좋아하지 않는 걸까? 역시, 결국은 나 혼자야….' 그리고는 사람들과 관계를 맺는 것을 포기하고 마음의 문을 닫아버렸다.

위 회사원 A 씨가 어떤 사람처럼 보이는가? 회사 직속 선배 B 씨가 A 씨에게 했던 말은 직접적으로 상처 주는 말이 아니었음에도 불구하고 A 씨는 쉽게 마음의 상처를 받았다. 그리고 스스로 관계를 단절시켜버렸다. 적극적으로 원활한 인간관계를 맺고자 했던 A 씨가 왜 그렇게 부정적으로 생각하고, 마음의 문까지 닫아버리게 됐던 걸까?

사실 위에서 언급한 A 씨는 사회초년생 때 나의 경험이다. 이후로 같은 일을 반복하고 싶지 않았던 나는, 마음의 문을 닫아버리기까지의 내 마음 상태와 그에 따른 원인을 제대로 파악하고 싶었다.

사람은 만 3세 이전에 부모와 아이 사이에 형성되는 '애착' 시기를 거쳐 3~6살에 성격이 형성되고, 7~12살에 만들어진 성격이 굳어진다고 한다. 성격 형성에 가장 결정적이고 중요한 요건은 부모와의 애착 및 가정환경이 크다고 하니, 부모님과 함께했던 과거 나의 어린 시절의 경험부터 떠올려보며 나에 대해 알아가는 시간을 가져보기로 했다.

'나의 어린 시절은 행복했을까?'

나의 부모님은 두 분 모두 지적장애인이셨고, 정부에서 받는 지원금으로 나를 어렵게 키우셨다. 가난한 가정형편으로 인해 우리 가족은 항상 '돈' 이야기가 시끄럽게 오고 갔다. 지적장애를 가지고 계신 부모님 두 분은 생계를 유지하기 위해 어쩔 수 없이 돈을 아끼고 저축하면서 하루하루를 살아내는 것에 급급하셨기 때문에 나의 학업에는 전혀 관심을 갖지 못하셨다. 대부분의 사람들이 어린 시절에 부모님의 관심과 사랑 속에서 보호받으며 자라나는 것처럼, 나 역시도 초등학생 시절 부모님의 관심과 사랑을 받고 싶었고, 그러기 위해 끊임없이 노력했던 기억이 난다.

초등학생 때 교내 대회가 있었다. 나는 그 대회에 참가했고, 열심히 노력한 끝에 '장려상'을 받을 수 있었다. 정말 열심히 노력해서 받은 상이어서 그런지 장려상임에도 금상을 받은 것처럼 너무 기쁘고 뿌듯했었다.

'엄마, 아빠한테 상 받았다고 자랑해야지! 상장을 보여드리면 분명히 칭찬해 주실 거야!'

부푼 기대를 품고 집까지 헐레벌떡 숨이 차게 뛰어갔다. 학교와 우리 집까지의 거리는 걸어가기엔 너무 먼 거리였지만, 뛰어가는 내내 그 거리가 멀게 느껴지지 않았다. 집에 도착하자마자 엄마에게 제일 먼저 상장을 보여주면서 말했다.

"엄마! 나 상장 받았어요!"

그러나, 엄마는 상장을 거들떠보지도 않으셨다. 엄마에게 칭찬받지 못했던 나는 이번에는 아빠에게 다가가 상장을 보여주며 말했다.

"아빠! 나 상장 받았어요!"

아빠는 상장을 보며 "그래, 잘했다."라는 한 마디를 끝으로 곧바로 자리를 뜨셨다. 그건 내가 원했던 진심 어린 칭찬은 아니었다. 부모님 두 분 모두 환하게 웃으며 "우리 딸, 너무 잘했다! 최고야!" 하며 말해주는 그런 진심 어린 애정과 관심을 바랐건만, 기대했던 만큼 마음의 상처만 입고 말았다.

그 뒤로 나는 더 이상 부모님께 칭찬과 사랑을 받는 것을 기대하지 않았다. 결국, '부모님은 나를 사랑하지 않아….'라고 생각하게 됐고, 부모님과의 관계는 더욱더 멀어져갔다.

『나는 상처를 가진 채 어른이 되었다』 책의 저자 오카다 다카시는 이렇게 말했다.

"부모나 특별한 사회적 대상과 형성하는 친밀한 정서적 관계를 뜻하는 '애착'은 사람의 심리와 행동을 지배하여 우리의 생활방식은 물론 대인관계, 연애, 자녀 양육법까지 지대한 영향을 미친다. 따라서 어린 시절 애착이 잘 이루어지지 않으면, 우리의 마음은 고스란히 상처를 입게 되고 이는 성인이 되어도 쉽게 낫지 않고 인생 전반에 걸쳐 부정적인 영향으로 나타나게 된다."

나 역시 어린 시절 부모님과의 관계에 대한 상처가 성인이 되어서도 치유되지 못하고 가슴에 남아있었다. 그 상처는 여러 가지 문제점으로 나타날 수 있는데, 그중 가장 큰 문제점은 '인간관계' 즉, 사람들과의 관계를 잘 맺지 못하게 되는 부분일 것이다.

미국의 관계중독 전문가 브랜다 셰퍼는 이 '관계중독'에 대해 설명하면서 "어린 시절 부모의 무조건적인 사랑을 받은 아이는 성인이 되어 성숙한 사랑을 할 수 있지만, 부모의 사랑을 받지 못한 아이는 이를 대체해 줄 누군가를 끊임없이 찾아 나서게 된다."고 말했다.

이처럼, 어린 시절 부모님과의 유대 관계가 잘 형성되지 못하면 적절한 관계 맺기와 사회성을 형성하는 데 매우 큰 어려움을 겪게 된다. 부모에게서 충족되지 못한 애정을 다른 관계에서라도 채우고 싶어 하기 때문이다.

다른 관계의 대표적인 대상은 이성 친구 즉, 연인이다. 나도 마찬가지였다. 나의 애정 결핍을 채워줄 수 있는 대상은 남자친구밖에 없다고 생각했다. 이 생각은 그에게 무조건 집착하고 의존하게 했다. 남자친구에게 사랑을 끊임없이 확인하고 갈구했다. 물론 나도 그에게 사랑을 받고자 여러 노력을 했지만, 이런 관계는 오래 이어지지 못했고 결국 이별을 맞이했다. 이별 후, 상처를 받아들이기 힘들었던 나는 이별의 아픔을 극복할 만큼의 충분한 시간을 갖지 않은 채 바로 다음 사랑을 시작했다. 그러나 다음 사랑도 결국 비슷한 이유로 이별을 맞이하게 됐다. 남자친구와의 관계를 잘 맺지 못했던 것도 '애정 결핍'의 이유가 가장 컸다. 성인이 되었지만 나는 오랜 시간 동안 '사랑받는 방법'을 알지 못했고, '사랑을 주는 방법'도 알 수 없었다.

정신건강의학과 전문의 유은정 씨가 쓴 '연애 이야기' 기사에는 진료실에서 만나는 많은 사람에게 애정 결핍에서 비롯된 공허감을 느끼게 된다며 이렇게 이야기했다. "영혼의 진공청소기처럼 강력한 흡입력을 가지는 애정 결핍의 모터에는 주변의 모든 것들을 흡입하고 자신을 채우려 든다. 그것이 이성과의 친밀감이든지, 돈이나 쾌락을 주는 그 무엇이 되든지 상관없이 무엇이든지 빨아들이지 않으면 견딜 수 없는 거대한 흡입장치가 내재되어 있는 것처럼 느껴진다."

애정 결핍에서 비롯된 공허함과 외로움. 나는 그 결핍을 채워줄 대상을 계속해서 찾으려고 했다. 그러나 사랑을 계속 갈구하고 의존적이게 되면 원활한 관계를 맺을 수 없게 된다. 그로 인해 관계에 상처를 받게 되고, 관계에 대해 깊이 고민하게 된다. 하지만 자신의 근본적인 원인을 찾지 못하면, 그저 자신의 외모나 성격에 문제가 있을 것이라고 잘못 판단하고 겉모습을 꾸미거나, 자신의 성격을 부정하며 바꾸려고 노력하게 된다. 특히 애정 결핍을 가지고 있는 사람들은 보다 많은 사람에게 사랑을 받고 싶어 하기 때문에, 주위에 사랑받고 인기 있는 사람들의 모습이나 성격을 그대로 따라 하려는 경향을 보인다. 본래의 자기 모습이 아닌 활발하고 외향적인 성격으로 억지로 꾸며진 모습의 '가면'을 씌워버리는 것이다. 그러나, 억지로 꾸며진 모습은 자신의 본래 모습과 성격이 아니기 때문에 그 모습을 오래 유지하기 어렵다.

그동안 나는 가장 근본적인 문제인 애정 결핍이 있다는 것을 알지 못했다. 아니, 어쩌면 부정하고 싶었는지도 모르겠다. 그러나 나 스스로 애정 결핍을 인정한 후에 내 마음은 조금씩 편안해졌다. 내가 인간관계 맺는 것에 어려움을 느꼈던 것은 '애정 결핍'의 영향이 컸다. 모두에게 사랑받기를 원했고, 의존적인 경향이 강했다. 그로 인한 상처들 때문에 더욱더 내성적이고 소심한 사람이 되어갔다. 그러다 혼자 지내는 것에 적응하고 익숙해지면서부터는 어느덧 혼자 있기를 더 좋아하게 됐던 것이다.

이처럼 자신이 애정 결핍이 있다는 것을 충분히 인정하고 인간관계를 맺는다면, 진정한 나다운 모습으로서 관계를 맺을 수 있게 되니, 오히려 더욱더 돈독한 관계가 형성될 것이다. 자신의 결핍은 오로지 자신만이 채울 수 있다! 자신의 애정 결핍이 어디서부터 시작되었는지 조금씩 알아가고 해결해나간다면 자연스럽게 인간관계는 풀리게 될 것이라고 확신한다.

거절이 어려운 착한 사람들만 보세요

"울면 안 돼~ 울면 안 돼!
산타할아버지는 우는 아이에게 선물을 안 주신대~
산타할아버지는 알고 계신대!
누가 착한 앤지 나쁜 앤지 오늘 밤에 다녀가신대~"

어렸을 적 한 번쯤 들어봤을 동요, '울면 안 돼' 가사의 일부분이다. 우는 아이에게는 선물을 주지 않는다는 것이 무슨 의미일까? 우는 아이는 나쁜 아이라는 것을 전제하며, 결국 울지 않는 착한 아이가 되어야 한다는 의미일 것이다. 또한, 어른들은 항상 "부모님 말씀 잘 들어야 한다.", "착한 사람이 되어야 한다."라고 이야기한다. 이런 이야기 역시 누구나 한 번쯤 들어봤을 것이다.

이렇게 우리는 은연중에 착한 아이가 되어야 사랑받을 수 있다는 강박관념을 느끼며 자라왔다. 특히 부모와의 정서적 관계를 제대로 맺지 못한 아이들은 지나치게 부모의 관심과 인정을 받고 싶어 하는 '착한 아이 콤플렉스'를 가지게 될 확률이 더 높다.

뿐만 아니라, '착한 아이가 되어야만 사랑받고 인정받을 수 있어!', '착한 아이가 되지 않으면 미움받고 버림받고 말 거야'라는 어릴 적 생각은 그대로 굳어져 어른이 되어서도 '착한 사람 콤플렉스'를 갖게 될 확률이 아주 높다.

"언니, 혹시 이거 할 줄 아세요? 이것 좀 가르쳐 주실 수 있나요?"

파티션 넘어 영업 부서 후배가 나에게 업무적인 부분을 물어보며 도와달라고 했다.

나는 "그럼~ 물론이지!"라고 말하며, 친절하게 알려주었다.

"언니, 정말 고마워요!"

후배는 직속 상사에게 보고하며 업무가 잘 마무리되었다. 나는 후배에게 인정받는 것 같아서 기분이 좋았다. 그 후로 후배는 나에게 또다시 도와달라고 요청했다. 지난번에 가르쳐줬었던 업무였다. 속으론 '지난번에 분명히 알려줬는데, 금세 까먹었나 봐. 나도 지금 할 일이 많은데….'라는 생각이 들었지만, 후배의 간절한 부탁을 거절할 수가 없어, 알려주다 보니 후배의 업무를 내가 다 처리해주게 됐었다.

그렇게 시간이 지나고 어느 날 갑자기 문제가 생겨버렸다. 그때 보고한 자료의 미비한 점에 대해 상사가 후배에게 묻자, 나를 가리키며 "수아 언니가 했어요."라고 말한 것이다. 후배에게 도움을 주었을 뿐인데 나에게 책임이 전가돼버렸다. 전후 사정을 잘 모르는 상사는 나에게 나머지 업무를 해달라고 요청했고, 나는 그에게 정확한 정보를 전달했다. "후배에게 자세히 알려주었고, 나머지 업무는 후배가 처리한 것으로 알고 있어요." 그런데 그는 이 상황 자체가 불편했나 보다. 상사는 나에게 "그냥 내가 할게!"라며 버럭 화를 냈고 분위기는 싸해졌다.

이처럼 회사생활을 할 때면 상사, 동료, 후배로부터 업무적인 도움이나 부탁을 많이 받게 된다. '착한 사람 콤플렉스'를 가진 사람들의 가장 큰 특징은 이러한 부탁을 거절하지 못하고 다 떠안는다는 것이다.

정신과 의사 유은정 작가의 책 《혼자 잘해주고 상처받지 마라》 중 "다른 사람을 배려하고 민폐를 끼치지 않으려는 그 마음은 칭찬받아 마땅하다. 하지만 당신이 그렇게 바라는 인정받는 사람은 타인의 시선과 칭찬에 유혹되지 않고 주변의 성공과 실패에 흔들리지 않으며 제 일을 해내는 사람이다."라고 말했다.

즉, 타인에게 인정받고, 칭찬을 받는 것에 초점을 두지 않아야 하며, 상대의 기대를 외면하거나 거절해도 괜찮다는 것이다. 거절하지 못하는 착한 사람들은 타인에게 버림받을지 모른다는 생각과 함께 인정받고 칭찬받고 싶은 욕구가 강하다. '거절하면 나를 안 좋게 볼 거야' 또는 '나를 싫어하고 버림받을 거야'라고 생각하기 때문에 자기 상황이나 생각보다는 타인의 상황에 더 맞춰져 있다. 그러나 거절하는 것은 나쁜 것이 아니다. 오히려 내 의사를 정확히 밝힐 줄 아는 아주 멋진 표현이다.

내가 평소에 좋아하는 연예인이 있다. 드라마와 영화에 다수 출연하였던 영화배우 강하늘이다. '미담 폭격기'라는 수식어를 가지고 있는 '착한 사람'의 대명사 격이 된 강하늘이, 한 언론매체와 인터뷰했던 내용 중 하나가 마음에 와닿았다.

"지금 강하늘 씨는 무엇을 가장 사랑하나요?"

"저요. 제 행복이 가장 먼저이고, 가장 소중해요. 내가 행복하지 않은 일은 하기 싫어요."

다른 사람을 배려하느라 자기를 잘 돌보지 못하지 않을까, 생각했는데 자기 자신을 먼저 생각하고 자기 자신을 진정으로 사랑하고 있는 모습이 의외였고, 보기 좋았다.

또한, 2017년 배우 강하늘과 정우 주연의 영화 〈재심〉 인터뷰에서 배우 정우는 강하늘을 보며 이렇게 이야기했다.

"하늘이가 겉으로 잘 웃고 상대방을 배려하며 부드럽게 얘기해요. 하지만 본인이 생각하는 확고함은 있는 것 같아요. 웃으면서 거절할 건 다 해요."

강하늘은 언제나 항상 웃고 있어 착한 사람일 것 같고 부탁을 다 들어줄 것만 같은 이미지이지만, 자신만의 확고한 기준이 있어 거절할 땐 확실하게 표현하는 사람이었다. 자기 자신을 가장 먼저 생각하면서 상대방을 존중하는 태도로 기분 나쁘지 않게 웃으면서 잘 얘기한다.

이처럼 착한 사람이라고 해서 모두가 거절도 잘 못하고, 자신의 의

사 표현도 잘 못하는 것은 아니다. 자기 상황을 먼저 고려해보고, 거절하기 힘든 상황이라 하더라도 상대방을 존중하는 태도로 예의를 갖춰 거절하는, 착한 사람도 있는 것이다.

평소에 자기표현이 확실한 사람이 있다. 그 사람은 바로 내 남자친구다. 남자친구 직장은 아버지 나이 대 되는 50대분들이 많이 계신다. 어느 날 직장 회식 자리에서 있었던 일이라며 이런 이야기를 해줬다.

"오늘 수고했네. 한잔하지."
술을 따라주려는 대표님에게 남자친구는 이렇게 이야기했다.
"죄송하지만, 제가 술을 잘 못 해서 많이 마시지 않겠습니다."
하지만, 회식 자리에서 대표님이 술을 권하는 상황이 여러 차례 반복되었는데, 남자친구는 이런 난감한 상황에도 위축되지 않고 자기 의사를 표현하며 정중하게 거절했다.

"대표님 정말 죄송하지만, 저는 술을 잘 못 합니다. 그리고 저는 제가 맡은 업무의 일을 잘하고 싶습니다. 다음날 이 술을 마셔서 업무에 지장이 없다면 지금 이 술을 마시는 것이 상관없겠지만, 혹시라도 만약에 다음날 조금이라도 업무에 지장이 갈 수도 있으니 애초에 마시지 않는 것이 옳다고 생각됩니다. 저는 다음날 업무에 지장을 주기 싫습니다. 너그러운 마음으로 이해 부탁드립니다. 죄송합니다."

그 뒤로 더는 남자친구에게 술을 권하지 않았다고 한다. 이렇게 남자친구는 자기 상황을 먼저 생각하며 예의 있게 존중하는 태도로 이야기했다. 본인의 상황이 중요하다는 것을 알고 있어서 거절에 대한 죄책감도 부담감도 없었다.

나는 스타강사 김미경을 좋아한다. 그녀는 유튜브 김미경 TV 134만 구독자를 보유하고 있고, 온라인 대학인 'MK 유튜브 대학'의 학장이기도 하다. 말을 참 잘하는 그녀는 내 마음속 멘토인데, 평소에 사람들에게 배움과 성장에 관해 적극적으로 가르쳐주는 이야기가 가슴에 늘 남아 있다. 여러 강의들 중 인간관계에서 '거절 잘하는 법'이란 주제의 이야기가 기억 난다.

"내가 100% 떠안지 않아도 되는 부탁이 대부분이고, 부탁을 들어주는 것만큼 거절을 잘하는 것도 중요해요. 거절에 대한 나만의 틀을 세워보세요."

김미경 강사의 말처럼, 내가 부탁을 들어주지 않아도 해결되는 것들이 많다. 그 부탁을 내가 온전히 책임지려고 하지 말자. 거절을 잘하는 것이 오히려 서로에게 더 좋은 인간관계를 맺는 비결일 수 있다.

프랑스에는 관련된 속담이 하나 있다.

"A civil denial is better than a rude grant
(예의 바른 거절이 무례한 승낙보다 낫다)."

자신의 상태와 상황을 무시하고 다른 사람의 부탁을 들어주기만 한다면, 결코 좋은 부탁을 들어주는 것이 아니다. 자신이 부탁을 진심으로 들어줄 수 없는 상황이라면, 상대방과 나를 위해서 차라리 거절하는 것이 백번 옳은 선택일 것이다.

결국, 상처받지 않기 위한 거절이란, 누구보다 나 자신의 상태와 상황을 제대로 알고 있는 '나'이여야만 가능하다. 자신의 상태와 상황을 먼저 파악하고, 거절해야 할 상황이라면 더는 머뭇거리지 말고 확실하게 거절하자!

책, 나와 나를 이어준 연애조작단

"You're still my No. 1~

날 찾지 말아줘~ 나의 슬픔 가려줘

저 구름 뒤에 너를 숨겨 빛을 닫아줘(닫아줘)

그를 아는 이 길이 내 눈물 모르게~"

카세트테이프에서 2000년대 당시 유명한 여자 솔로 가수 보아의 'No. 1' 노래가 흘러나온다. 노래에 맞춰 열심히 춤을 추고 있는 한 초등학생 여자아이가 있었다. 이 여자아이는 노래 부르며 춤 추는 것을 무척 좋아했다. 그때 당시 많은 사람에게 사랑받고 있는 가수들을 보며 '가수들은 자기가 좋아하는 춤과 노래를 하니까 너무 행복할 것 같아!'라고 생각했다.

"이다음에 많은 사람에게 사랑받는 가수가 될 거야!"라고 말하며 대중들에게 많은 사랑을 받고 있고 화려한 인생을 사는 아주 유명한 가수가 되는 것을 꿈꾸기도 했던, 그리고 자신이 좋아하는 것을 확실히 표현하고, 많은 사람에게 사랑받고자 했던, 이 초등학생 여자아이는 바로 내 어린 시절 이야기다.

고등학생 때, 친하게 지내던 친구가 있었다. 나는 항상 그 친구와 같이 다녔고 우린 서로 마음이 잘 통하는 단짝 친구였다. 다른 친구들이 우리를 봤을 때 "재네 둘은 항상 같이 붙어 있어! 원 플러스 원이야!"라고 말할 정도로 우리 둘의 우정은 빛을 발하였다. 그렇게 우린 성인이 되어서도 끈끈한 우정을 계속 지속하였다. 그날도 그 친구와 함께 있는데, 친구의 휴대폰이 울렸다.

"여보세요. 어, 엄마? 몇 군데 연락받았는데, ○○병원은 돈을 얼마 안 주고, ○○병원은 뭐가 안 좋아."

나는 중소기업에 이미 취업을 한 상태였고, 친구는 병원으로 취업하기 위해 구직 중이었다. 친구는 병원 면접 본 곳 몇 군데를 자신의 엄마와 한참을 이야기를 나누고 전화를 끊었다. 나는 친구가 전화 통화하는 모습을 보며 마음속으로 '저렇게 엄마와 자신의 고민을 자연스럽게 이야기하고, 엄마가 딸을 위해 조언도 아낌없이 해주시는구나….' 하는 생각이 들었다. 부모님과 자신의 고민에 관해 이야기할 수 있다는 것 자체가 너무 부러웠다.

어렸을 적 많은 사람에게 사랑받고 있는 가수를 꿈꿔왔던 '나', 그리고 부모님과 자신의 고민을 이야기하며 소통하는 친구. 이 두 모습을 번갈아 보며 비교하게 됐다. 그리고 나 자신을 사랑받고 자라지 못 한 '특별한' 사람이라고 생각하게 됐다. 그러면서 점점 사람들과 만나지 않게 됐고, 혼자 있는 시간이 늘어갈수록 불안함과 우울함이

극도로 심해지면서 마음 상태는 계속해서 곪아갔다.

그러다 어느 날엔가 문득 이런 생각이 들었다.

'나처럼 이렇게 힘들어하는 사람들은 어떻게 생활하고 있을까? 나와 같은 고민을 하는 사람들은 없을까?'

한참을 생각하다 보니 갑자기 머릿속에서 아이디어가 떠올랐다.

'그래! 책을 사서 읽어 보는 거야!'

평소 책을 좋아하진 않았지만 불안정한 내 마음 상태를 바꾸기 위해서 책을 읽기로 마음먹었다.

그 당시, 내 마음을 대변해 주는 듯한 제목이 눈에 띄어 집어 든 책이 정신과 의사 유은정 작가의 『혼자 잘해주고 상처받지 마라』였다. 사랑받고 자라지 못했다는 생각과 인간관계에 있어 상처를 많이 받았던 상태에서 읽어서 그런지 나에게 큰 위로가 되어주었다.

'어? 이건 나와 너무 똑같잖아. 이거 완전 내 얘기인데?'

책의 내용이 어디서 많이 본 듯이 익숙했다. 마치 나에 관해서 쓴 책 같다는 생각이 들 정도로 깊이 공감 되었다. 저자가 내담자들을 만나고 대화하며 조언했던 내용을 '제3자 입장'에서 바라보며 더욱더 깊게 몰입했다. 그동안 나는 나의 불안한 감정과 우울함의 원인을 잘 모르고 자랐다. 그동안은 나만 힘들다고 생각했었는데, 우연히 접한 이 책을 통해 다른 사람들도 살아온 환경만 약간 다를 뿐, 다들 상처받으며 힘들어한다는 것을 진정으로 깨닫게 되었다.

그렇다면 내가 앞으로 좋은 모습으로 개선이 되려면 어떻게 행동해야 하는지 그 방법이 알고 싶어졌다. 나를 일으켜줬던 이 책을 계기로 앞으로 계속 독서를 시작하기로 마음을 먹었고 꾸준히 책을 사서 여러 권 읽게 되었다.

독서를 하면서 나에 대해서 깊게 생각해보고 알아가기 시작했다. 불안한 감정과 우울함, 인간관계가 원활하지 못한 점, '나는 할 수 없어.'라는 부정적인 말 등의 문제점을 자연스럽게 알아가게 되었고 그 결과, 나는 자존감이 바닥을 치고 있었다는 사실도 깨닫게 되었다.

그 뒤로 내 자존감이 지금 어떤 상태인지 정확히 파악하고자 자존감에 관한 책을 많이 사서 읽었다. 자존감을 높여주는 방법 중, 책을 써야 자존감이 높아진다는 내용을 봤다. '책을 쓰라고? 에이…. 안 돼! 나한텐 정말 말도 안 되는 소리야!'라고 생각하면서도 '언젠가 성공하면….'이라는 생각으로 혹시나 하는 마음에 책 쓰기에 관련된 책을 사서 읽었다.

그리고 나에게 큰 용기와 희망을 주었던 책을 만났다.

"책은 머리가 아닌 가슴으로 쓰는 것이다."라고 말한 이혁백 작가의『하루 1시간, 책 쓰기의 힘』이었다.

"누구나 갖고 있는 인생 스토리 자체가 책 속의 훌륭한 재료와 주제가 된다.", "어떤 사람이든 그의 인생에는 위대한 가치가 숨어있다."라는 책의 내용은 나에게 앞으로 꿈을 꿀 수 있는 용기와 희망을 주었다.

'그래, 책을 써보는 거야!'

책을 쓰기로 결심하고 본격적으로 행동에 옮겼다.

글을 쓰기 시작하자, '지금까지 살아오면서 나에 대해 진정으로 깊게 생각해봤던 적이 있었는가?'에 대해 진지하게 고민해보게 됐다. 그러고 보니 학창 시절 때 10년 후 계획을 작성했을 때나 취업을 준비하며 자기소개서를 작성했을 때 빼고는 깊게 생각해본 적이 없었다. 그러나 계속해서 책을 읽고 글도 꾸준히 쓰게 되면서 자연스럽게 과거의 내 경험들이 글로 온전히 드러날 수 있었다. 사실, 나의 과거가 너무 아프고 힘들었기 때문에 과거의 내 모습을 두 번 다시 바라보기 싫었지만, 진정한 내 삶과 가치를 찾기 위해서는 과거의 내 모습부터 인정할 줄 알아야 한다고 생각하고 끈질기게 나와 마주하는 시간을 가졌다.

내가 쓴 글을 다시 읽어보면서 다른 작가의 책을 읽는 듯한 느낌을 받았다. 내 경험을 좀 더 객관적으로 바라보는 '제3자의 눈'으로 보게 된 것이다. 그 당시 어떤 감정을 느끼고 있었는지, 어떤 마음 상태였는지 글을 통해 수많은 감정을 느꼈고, 내면의 나와 진정으로 대화할 수 있게 되었다.

과거의 내 모습은 행복했었던 기억보다 속상하고 힘들었던 기억들이 많아서 슬펐고, 가슴이 너무 아팠다. 가장 가슴 아팠던 점은 오랜 시간 동안 애정 결핍이 있었다는 것을 전혀 알지 못한 채 살아왔다는 점과, 내가 나를 충분히 사랑하지 않았다는 것이었다. 마치 몹시 추운 곳에서 혼자 외롭게 벌벌 떨며 울고 있는 어린아이 같았다.

과거의 나에게 '그동안 혼자 외로웠지?', '그동안 고생했어.', '마음 고생 많았겠다.', '혼자가 아니야!', '사랑해.'라는 따뜻한 위로의 말과 함께 진심으로 따뜻하게 안아주고 싶었다. 과거의 나와 충분히 대화를 나누니 신기하게도 안쓰럽고 힘들었던 내 마음이 무척 편안해졌음을 느꼈다.

독서를 본격적으로 시작하기 전, '독서하고 글쓰기를 한다고 뭐 달라지는 게 있겠어?'라고 생각했던 부정적인 마음이, 글을 통해 과거의 나를 만나고 내면과 대화함으로써 사라졌다. 그리고 예전의 아프고 힘들었던 내 모습과 지금의 내 모습 모두 '나'라는 소중한 사람이라는 것을 깨닫게 되었다. 이 경험을 통해 글의 힘이 대단하다는 것을 새삼 느낄 수 있었다.

이렇듯 우연히 접하게 된 책 한 권을 통해 나는 충분한 공감과 위로를 받을 수 있었다. 내 불안한 마음 상태를 알게 되었으며, 글쓰기를 통해 과거의 내 모습을 객관적으로 바라볼 수 있었다. 또한, 지금 내 모습과 마주하며 나에 대해서 진정으로 생각하는 시간 또한 가질 수 있었다.

앞서 말했듯이, 어릴 적, 지적장애가 있으신 부모님은 나에게 삶을 살아가는 올바른 방향을 제시해 주시지 못했다. 때문에 어디서부터 어떻게 해야 하는지 몰라 쉽게 좌절하기도 했다. 그러나 그런 나에게 책은 올바른 방향을 안내해 주는 마치 '내비게이션' 같은 역할을 해주었다. 나와 비슷한 경험을 가진 작가들의 경험이 담긴 책을 통해 나에게 맞는 여러 가지 방향과 방법들을 찾을 수 있었고, 다른 작가들의 경험을 나에게 적용하고 나와 잘 맞지 않는 부분은 수정하고 변경해가며 계속해서 시도해볼 수 있게 됐다.

이렇듯 책은 나와 나를 이어주는 연결고리 즉, 연애 조작단이다.

대부분의 사람은 딱, 마음먹은 만큼 행복해

지적장애가 있으셨던 부모님은, 소득 활동이 어려워 정부에서 생계 급여를 지원받는 기초생활 보장 수급자셨다. 지원받은 금액으로 나를 어렵게 키우셨다. 가난한 집안 환경에서 자라다 보니 먹고 싶은 것, 가지고 싶은 것, 배우고 싶은 것들이 제한되는 경우가 많았다.

"오늘 학교 끝나고 뭐해? 나랑 놀자!"

"나 바로 학원 가야 해."

"그래? 그렇구나 알겠어…."

학창 시절, 하교 후에 친구들과 놀고 싶었지만, 친구들은 모두 공부방이나 학원에 갔다. 홀로 집으로 쓸쓸히 돌아가는 길, 같은 학원에 다니는 친구들끼리 친하게 지내는 모습에 나도 학원에 다니고 싶다는 마음이 간절했다.

"나랑 중간고사 내기할래? 자신 없으면 말고~"

"누가 자신 없데! 내기해! 평균 점수 많이 받는 사람이 이기는 거다!"

중학교 2학년 때였다. 친하게 지내던 남자친구가 나에게 중간고사 평균 점수로 내기를 하자고 제안했다. 나는 그 내기 제안을 받아들였고, 내기에 이기려고 최선을 다해 열심히 공부했다. 하지만 결과는 안타깝게도 그 남자친구가 내기에 이기게 되었다. 자존심이 너무 상해 승부에 굴복할 수가 없었다.

'말도 안 돼! 난 정말 열심히 공부했고, 자신 있었는데…. 왜 쟤가 점수가 더 높은 거야…. 아! 쟤는 학원에 다니고 있잖아! 나는 학원에 안 다니고 집에서 혼자 공부했으니 점수가 안 나오는 게 당연하지….'

먹고 싶은 것과 가지고 싶은 것들의 결핍은 그렇게 많이 신경 쓰이지 않았다. 하지만, 배우고 싶은 열망은 가득한데, 배우지 못한다는 것은 받아들이기가 너무 힘들었다.

'내가 이렇게 배우지 못하는 이유는 부모님이 가난하기 때문이구나….'

이런 생각은 부모님을 원망하게 했고, 그 마음은 시간이 지나면 지날수록 커져만 갔다.

다른 건 바라지 않았다. 그저 남들처럼 평범하게 대학 가서 공부하고 졸업해서 좋은 직장 취직하고 싶었다. 하지만 대학 등록금부터 시작해서 취업 준비까지 '돈'이란 현실의 벽에 매번 부딪힐 수밖에 없었고, 자연스럽게 '돈'에 대한 부정적인 인식과 함께 돈이 목표가 되어 돈에 집착하게 됐다.

내가 좋아하는 일보다 무조건 돈을 많이 번다는 직업을 선택해 취업했지만, 돈을 버는 족족 학자금 대출과 생활비에 쓰느라 돈을 모으지 못했다. 오로지 돈을 목적으로 취업했기 때문에 업무 강도가 너무 힘들었고, 결국 1년도 버티지 못하고 퇴사했다.

퇴사 후에도 또, 돈을 많이 버는 곳으로 이직하고 퇴사하고 하는 악순환이 반복되었다. 당연히 돈도 저축하지 못했고, 스스로 불행하다 느끼며 오랫동안 좌절의 시간을 보냈다. 돈이 목표가 되는 삶은 너무나 불행했고, 이제는 정말 행복한 삶을 살고 싶다고 속으로 간절히 원했다.

『꾸뻬 씨의 행복 여행』을 쓴 저자 프랑수아 를로르는 이렇게 말했다.

"행복을 목표로 여기는 것은 잘못된 생각이다."

행복을 목표로 여기지 않고, 내가 정말 행복한 삶을 살아가려면 어떻게 해야 할지 진지하게 생각하며 깊게 고민하는 시간을 가졌다. 지금까지 살아오면서 항상 불행하다고 생각해서 그런지 행복한 삶을 생각해보는 것이 어색하고, 어떻게 해야 할지 전혀 감을 잡을 수가 없었다. '음…. 그럼, 일단 내가 과거에 행복했었던 때를 떠올려 보는 거야! 분명 행복했던 적이 있을 거야!' 조용히 명상하듯, 눈을 감고 생각해봤다.

무더운 여름밤, 기타 소리에 맞춰 흥겨운 찬송가 소리가 울려 퍼졌다. "개굴개굴~개굴개굴~" 논밭에서 들리는 개구리 소리와 풀벌레 소리가 리듬과 박자를 맞춰주는 듯했다. 우리 가족 모두 우리 집 옆에 평상에 앉아 아빠가 기타를 치며 엄마와 같이 찬송가를 불렀다. 언니와 나는 수박을 먹으며 흥겹게 춤을 추며 행복해했던 어린 시절 추억이 떠오르며 입가에 미소가 지어졌다.

'어린 시절 내가 행복했었던 적이 있었구나….'

어린 마음에 당시에는 행복함을 느끼지 못했었는데, 이렇게 성인이 되고 나서 다시 생각해보니 그때 내가 행복해하고 있었다는 것을 알게 됐다.

'과거에도 이런 작은 행복이 있었고, 지금도 작은 행복들을 누리며 살고 있는데 내가 미처 발견하지 못하고 있는 것은 아닐까?'

매일 매일 기록하는 삶을 사는 마케터이자, 작가인 이승희 씨는 그녀의 책『기록의 쓸모』에서 이렇게 이야기했다.

"행복은 늘 일회용 같았다. 포장을 뜯자마자 돌아오지 않을 것처럼
사라져 버리는 나의 행복들. 그래서 뜯었을 때 바로 쓰는 연습을 해야 한다.
충분히 그 행복을 느끼고 누려야 한다."

그녀는 책을 통해 현재의 행복을 충분히 느끼는 것이 중요하다는 것을 말해주고 있다.

'나는 정말 현재 행복한 삶을 누리고 있었던 것인지도 몰라!'

미국의 한 신문사가 현대사회를 통렬하게 비판한 후 현대인 중엔 아무도 행복한 사람이 없을 것이라고 지적하며 정말 행복한 사람이 있다면 연락해 달라고 보도했다. 행복한 사람이 이 세상에 아무도 없다는 말은 나조차도 믿기 힘들었다. '정말 행복한 사람이 없었을까?' 하지만, 신문사의 예상과는 달리 수없이 많은 전화가 걸려 왔다. 하루 일을 잘 끝낸 행복, 예쁜 꽃을 보는 행복, 아침에 새소리를 듣는 행복, 시원한 바람을 느끼는 행복 등. 행복의 사례는 대부분 평범한 일상에서 느끼는 작고 소박한 것들이었다. 이처럼, 행복을 느끼는 사람들은 정말 거창하고 특별한 행복이 아닌 아주 소소한 것들도 행복이라고 느끼고 있었다.

나는 미래 행복한 삶을 살아가기 위해 현재 적극적으로 자기 계발을 하고, 꾸준히 독서와 글쓰기를 하며 나에 대해 깊이 알아가는 시간을 보내고 있다. 또한, 내가 진정으로 배우고 싶고, 하고 싶은 것들을 하면서 주체적인 삶을 살아가고 끊임없이 성장 중인 내 모습을 보면서 '나는 행복한 삶을 살고 있었구나!'라는 것을 깨달았다. 또한, 독서와 글쓰기를 통해서 나와 생각이 맞는 사람들과 공유하고 소통하면서 그들과 행복한 관계를 맺으며 관계의 행복함도 충분히 느끼고 있다.

'행복해지는 옷'이라는 이야기가 있다. 이 이야기는 행복에 대한 의미를 다시 한번 깨닫게 해준다.

많은 것을 가졌지만 절대 행복하지 않은 왕이 있었다. 어느 날 왕은 스승을 찾아가 행복해질 방법을 물었다. 왕의 고민을 들은 노스승이 이렇게 말했다.

"세상에서 가장 행복한 자의 옷을 입으시면 됩니다."

다음 날, 왕은 세상에서 가장 행복한 자의 옷을 가져오라는 방을 나라 곳곳에 붙였다.

(중략)

칠흑 같은 어둠 속에서 잠을 청하던 어느 날, 왕은 멀지 않은 곳에 들려오는 아름다운 피리 소리에 잠이 깼다. 왕은 소리가 나는 쪽으로 다가가 피리 부는 사람에게 물었다.

"너무도 아름다운 피리 소리요. 무척 행복하게 들리는데, 당신 마음도 그 연주처럼 행복하오?" 그러자 피리를 불던 사내가 말했다.

"그럼요, 나는 세상에서 가장 행복한 사람이거든요."

"당신의 옷을 내게 파시오! 돈은 얼마든지 주리다!"

왕이 기쁨에 겨워 말했지만 돌아온 대답은 의외였다.

"나는 당신에게 줄 옷이 없어요. 어두워서 보이지 않겠지만, 나는 지금 아무것도 입고 있지 않아요. 어제 지나가던 불쌍한 거지에게 마지막 남은 옷을 적선하고 말았답니다."

왕은 그제야 스승이 말한 '행복해지는 옷'이 무엇인지 알게 되었다.

행복은 무엇을 소유하는 것이 아니라 자기가 가진 것을 남과 함께 나눌 수 있는 마음의 기쁨이었다.

이렇게 독서와 글쓰기를 통해 난 행복한 사람이라는 것을 알게 되었고, '행복해지는 옷' 이야기의 왕처럼, 나만 행복해지는 것이 아니라, 내 경험을 들려주며 다른 사람들의 아픈 상처까지 위로하고 따뜻하게 치유해주는 '행복' 작가가 되겠다고 다짐했다.

자신이 진정 불행하다고 느낀다면, 자신의 일상을 조용히 들여다보자. 나의 경험처럼, 일상 속에서 작은 행복들을 누리고 있음에도 불구하고 불행하다고 생각하는 것일 수도 있다.

"행복은 분명 가까이에 있다!"

빈센트 반 고흐, <농장으로 난 문>, 1888년작

자신을
치유하고 성장시키세요

작가 박지영

평생 글을 쓰며 살고 싶은 글쟁이 상담사. 책을 읽으며 많이 울었고, 울다가 글을 쓰고 싶다는 마음이 올라와 여러 단행본에 글을 실으며 꾸준히 글쓰기를 이어가고 있는 중이다.

과거, 자신을 드러내면 수치심과 자기 비난이 올라와 가만히 사람들 속에 묻혀 지내기를 선택했던 그녀. 그런 그녀가 자신을 편히 드러낼 수 있는 공간과 사람이 있었는데, 그건 바로 상담실과 상담 선생님 이었다. 세상에 대한 불안과 두려움이 컸지만 안전한 공간에서 마음이 건강한 어른에게 기대어 자신의 상처를 이야기하고 치유하며 여린 내면 아이를 성장시켜 갔다.

30대 후반, 마음 치유사 공부를 하는 과정에서 인생의 스승을 만나 명상심리 상담 석사를 마치고, 사람들을 치유하는 상담자가 되기 위한 여정을 걷고 있다.

삶의 길이 어디로 어떻게 펼쳐질지 모르기에 더 기대가 된다며, '스스로 자신의 스승이 되길 바란다'는 그녀는 말한다.

"마음이 자란 공간에서 저를 찾아오는 사람들과 함께 성장하길 원해요. 진정한 공감을 통한 소통은 상대가 스스로를 볼 수 있게 한다고 믿어요."

사람을 좋아하고 호기심이 많아 다양한 도전을 즐기는 그녀는 스스로를 '셀프 탐험가'라 부르며 독서, 글쓰기, 연극 연기, 사진, 힙합 댄스, 헬스 등 좋아하는 활동을 즐기며 계속 자신을 만나는 시도를 해 나가는 중이다.

과거 의상학을 전공했으며, 치열한 동대문 현장에서 패션 디자이너로 12년간 활동한 경력이 있는 그녀이기에, 어느 공간이든 스스로가 그곳의 중심축 역할을 하면 된다고 말한다. 이제는, 이 책 속에 실린 자신의 글을 통해 사람들이 내면의 자신을 믿고 스스로 바로 서는 중심을 지키길 바라고 있다. 나답게, 향기롭게, 자유롭게, 그리고 함께.

Email : g0flower@naver.com
Instagram : @mind_healer_g0
Blog : blog.naver.com/g0flower

너의 약한 부분을 통해 성장이 가능해

우리는 자신의 삶이 어디로 흘러가는지 알 수 있을까? 결론부터 말하자면, 알 수 없다. 단지, 그간의 경험을 통해 매 순간 더 나은 선택을 하며 성장 할 수 있다는 것을 알 뿐이다. 과거 나에게 일어났던 일들은 예상과 함께 맞닥뜨려진 것이 아니다. 필요하니까, 삶은 그 경험을 가져다준 것이다. 흐르는 삶 속에 내가 해결해야 할 것들은 마음 깊숙한 곳에서 수면위로 떠올라져 스스로를 단단히 할 수 있는 성장의 기회를 가져다준다.

마음이 힘들던 시절, 우연히 법륜 스님의 '즉문즉설'을 듣게 되었다. 사람들의 질문에 설명을 해주시는 스님의 말씀을 듣고, 기존에 내가 가진 상식이 완전히 뒤엎어지는 경험을 하게 됐다. 좁은 기준의 틀이 깨지면서 당시의 상황을 넓은 시야로 다양하게 해석하고, 깊이 있게 볼 수 있는 통찰력이 생겼다. '즉문즉설'은 무기력함과 우울감으로 인해 안으로만 파고들던 마음이 외부로 방향을 돌리는 전환점이 되었다. 물론, 한 두 번 들었던 것이 아니다. 유튜브로 그리고 현장에 참석해서 강연을 2년 정도 들었었다. 그렇게 생긴 '의식의 전환'은 어려운 상황을 보다 넓은 관점으로 해석하며 스스로를 지킬 수 있는 힘을 주었다.

"가장 문제적인 곳이지만 동시에 그것이 구원처일 수 있다."

—고미숙, 『나의 운명 사용설명서』

몸이든 마음이든 아프거나 문제적인 것을 해결하기 위해 애쓰다 보면 그 부분에 대해 잘 알게 되고, 극복할 기회가 열린다. 스스로 부족하다고 느끼는 부분을 지혜롭게 해결해 가다 보면, 오히려 약한 부분이 자신을 성장시키는 원동력이 된다는 것을 알게 된다. 성장을 결정하는 것도 자기 자신이다. 현재의 어려운 상황에 머물지, 그 상황을 계기로 배움을 얻어 긍정적인 방향으로 나아갈지는 우리들 각자가 선택해야 할 몫이다.

20대 후반부터 개인 심리 상담을 받았고, 지금도 마음이 힘들거나 조언을 구할 일이 있으면 상담실을 찾는다. 스스로 하루도 버틸 힘조차 없다고 느껴졌을 때 처음 상담실 문을 두드렸고, 주기적으로 상담을 받으며 나의 상황이 점점 이해되어졌다. 나를 둘러싼 외부의 환경과 내적인 마음을 동시에 들여다볼 수 있는 계기가 된 것이다. 그렇게 시작 된 상담실과의 인연은 현재 교육 분석으로 이어지고 있다. 내담자의 자리에 앉아 상담을 받던 내가, 좋은 상담자가 되기 위해 상담 공간에서 교수님을 마주하고 앉아 나의 미해결 과제를 드러낸다. 내담자의 역할에 익숙했던 내가, 이제 나의 지지가 필요한 사람들에게 힘이 되어 줄 준비를 하고 있는 것이다. 자신을 바로보기 위한 성찰의 시간을 가지며 한 걸음씩 충실히 그들에게 그리고 나에게 다가가는 중이다.

가장 약한 부분을 통해 우리는 성장한다. 힘들었던 순간을 극복해 본 경험을 통해 내가 단단해지고, 같은 아픔을 겪고 있는 사람들을 온 마음으로 품을 수 있게 된다. '즉문즉설'을 듣고, 개인 상담을 받고, 명상 심리상담 공부를 하게 된 것은 아마도 당시 나의 상황을 힘들다고 느꼈고, '어떻게 하면 그 순간을 잘 지날 수 있을 까' 하는 '자신을 알고, 성장시키고자 하는 마음'이 가장 큰 원인이었을 것이다.

경험을 통한 배움은 현재에 통찰력을 가져오고, 통찰력은 깨달음을 준다. 그 깨달음은 내 경험의 가치를 알게 하고, 그렇게 몸으로 흡수 된 앎은 삶을 새로운 시각으로 보게 한다. 그때부터는 힘듦은 힘들기만 한 것이 아닌, 배움으로 가는 발판이란 것을 알게 된다. 지식으로 아는 것이 아닌, 몸으로 체득한 분명한 앎인 것이다. 그래서 모든 경험은 그대로 가치가 있다. 에크하르트 톨레(Eckhart Tolle)가 『삶으로 다시 떠오르기(A New Earth)』에서 "삶은 그것이 무엇이든 의식의 진화에 가장 도움이 되는 경험만을 준다. 그렇다면 이것이 자신에게 필요한 그 경험이라는 것을 어떻게 아는가? 이것이 지금 이 순간 당신에게 일어나고 있는 경험이기 때문이다."라고 말했듯, 데비 포드(Debbie Ford)가 『그림자 효과(The Shadow Effect』)에서 "그 어떤 것도 우연히 일어나지 않는다. 그리고 우연의 일치라는 것은 없다. 우리는 언제나 진화한다. 우리가 그것을 알고 있든 알지 못하든."이라고 말했듯이, 우리는 삶에 들어오는 모든 일들을 감사히 받아들여야 한다. 왜? 그것들은 진화를 위해 삶이 우리에게 준 선물이기 때문이다.

다시 본론의 질문으로 돌아가 보자. 그렇다면 이런 과정을 거쳐 자신에게 사건을 깊이 볼 수 있는 통찰력이 생겼다고 치자. 그럼 우린 앞날을 예측 할 수 있을까? 우리가 알 수 있는 것은 배움과 경험을 통해 세상을 바라보는 시각이 확장되고, 아픔이 나를 성장시킨 다는 것이다. 그 깨달음이 우리의 미래를, 내가 가는 앞길을 선명하게 그려주지는 못할 지라도 매 순간 자신에게 이롭게 이끌어 가도록 길을 밝혀줄 것이다. 경험에서 온 통찰력을 통해 좀 더 지혜로운 선택을 할 수 있는 앎을 얻는 것이다. 그리고 그 과정을 겪는 것은 나 자신이며, 매 순간 모든 결정은 스스로 해야 한다. 앞에서도 언급했듯, 어떤 계기가 주어졌을 때 그것을 잡고 일어설지, 그 곳에 그냥 주저 앉아 있을 지는 각자의 선택이다.

자신에 대해 아는 것은 중요하다. 나를 규정짓는 타인의 판단이 들어간 피드백을 받으며 그들보다 자신을 더 잘 알지 못한다는 생각에서 나온 불안이 존재감을 뒤 흔들었다. 존재감 자체가 흔들리니 중심을 잡고 마음먹은 것을 지속적으로 해나갈 수 없었다. 그렇게 나의 마음이 흔들리는 경험을 통해 자신에 대해 알고자 하는 의지가 일어났고, 그 의지는 몸을 움직여 나를 알아가도록 했다. 심리상담, 명상, 독서, 교육 분석(상담자들을 위한 심리치료로 상담자의 개인적 그리고 전문적 성장을 획득하는데 중요한 활동), 글쓰기, 명리학을 통해 스스로에 대한 앎이 생기는 경험을 하고 나니, '자신을 알지 못한다'는 두려움에서 비롯된 불안은 수그러들었다. 결과 적으로 보면 흔들리는 존재감에서 비롯된 불안과 두려움은 나 자신의 성장을 위해서 필요했던 것이다. 앞으로 그런 감정이 느껴질 땐 그 감정을 기준 삼아 긍정적인 방향으로 나아가도록 목표를 설정 하라는 신호로 받아들일 수 있게 되었다.

심리상담 공부를 하면서 자라온 환경과의 상호작용이 나에게 어떤 영향을 미쳤는지와 나란 사람의 성향을 알게 되었다. 명상은 끊임없이 반복되는 부정적인 생각을 알아차리고 멈추어 현재에 집중하도록 해 주었다. 독서는 스스로 보지 못하는 부분을 선명히 드러내어 나의 생각을 정립하고, 원하는 방향으로 나아갈 수 있도록 길을 제시해 주는 밤길의 손전등 역할을 했다. 희미한 마음이 책의 문장을 통해 선명히 발견 되어졌다. 교육 분석을 통해 스스로를 객관적으로 보는 연습을 꾸준히 해 나가고 있다. 글쓰기는 약한 자아를 단단하게 해준다. 명리학을 통해 내가 받고 태어난 우주의 기운과 주변 환경과의 관계를 알 수 있었다. 그 앎은 '그 간 내가 해온 경험과 배움이 다 그럴만한 이유가 있었고 나에게 필요한 것이라 끌릴 수밖에 없었구나' 하는 삶의 통찰을 가져왔다. 그 통찰은 앞으로 내가 해 나가는 것들을 인정하고 수용하는 '자신에 대한 믿음'을 갖게 했다. 결국 존재에 대한 불안과 두려움이 모든 배움을 이끌었고, 배움의 과정에서 자신을 알아가는 경험을 하며 부정적인 마음이 편안함과 기쁨으로 바뀌었다.

자기 성찰과 성장의 과정이 쉽지 만은 않았다. 나에 대해 알고 나면 기뻤지만, 또 다른 무지의 영역이 드러나면 답답하고 더 알고 싶어졌다. 끊임없이 자신에 대해 알아가려고 하는 욕구는 새로운 영역의 탐구로 이어지며 낯선 나를 만나게 했고, 새로운 모습에서 두려움과 설렘의 복합적인 감정을 느끼게 했다. 그러던 중 상담을 통해 나의 경험이 내면의 성장을 위해 필요한 과정이란 것을 알았고, 변화를 인정하고 받아들이게 되었다.

그 후로도 스스로를 '셀프탐험가'라고 부르며 다양한 시도를 꾸준히 해 오고 있다. 셀프탐험을 통해 '나를 믿는다'는 것과 '나의 삶을 믿는다'는 든든한 두 마음을 만났다. 결국 자신을 모른다는 두려움이 '나를 알아가는 모험'을 하도록 이끈 것이다. 그 모험은 나를 믿기 위한 여정이었다.

지금도 자신을 알기 위한 마음을 놓지 않고, 현재를 충실히 살아가는 중이다. 한 발은 안전한 현실에, 그리고 또 다른 한 발은 새로운 미지의 영역에 들여놓고서 '나'를 탐험해 가고 있다. 『12가지 인생의 법칙(12 Rules For Life)』의 저자인 조던B.피터슨(Jordan B. Peterson) 또한 혼돈과 질서라는 두 세계의 경계에 서 있을 때 삶의 의미를 찾을 수 있다고 말했다.

새로운 곳의 문은 내가 여는 것이다. 두렵지만 한 발 내딛어 봄으로써 새로운 가능성이 담긴 기회 속으로 들어가게 된다.

30년간 자신에게 주어진 환경이 진짜 인 줄 알고 지내다 하늘에서 떨어진 조명에 의해 현실에 대한 의심이 싹트기 시작한, 영화 〈트루먼 쇼〉의 트루먼은 자신의 의심을 확인하기 위해 용기를 내어 배를 타고 바다 끝까지 나가 하늘이 그려진 벽에서 다른 세계로 연결 된 문을 발견한다. 그리고 혼돈과 질서의 경계점인 문 앞에 서서 뒤를 돌아보며 망설이다 어두운 미지의 세계로 나가는 것을 선택한다. 이처럼 나도 나의 발과 손을 움직여 문을 열고 미지의 영역 안으로 접촉을 시도했던 것이다. 어둠이 가득한 곳에 가까이 다가가는 것은 추락이 아닌 자신을 확장시키는 경험이다. 용기를 가지고 자신을 드러내어 새로운 국면의 관계 속으로 접속하는 것이다. 불확실하지만, 그간의 경험을 통해 그 곳엔 또 다른 깨달음이 우리를 기다리고 있다는 것을 알 수 있다.

성장의 여정, 도반_스승과 함께

우리의 일상에 펼쳐진 경이로운 체험과 만남의 장인 삶은, 내가 용기를 내어 무엇을 하고자 하면 도반(함께 수행하는 벗)과 스승을 통해 깨달음이란 귀한 선물을 가져다준다. 모두 스스로 해내는 것이다. 그들이 나의 삶에 들어왔지만, 그것은 나를 이롭게 하기 위한 인연되어짐 이다. 자신의 성장을 위해 내가 그들을 끌어당긴 것이다.

"신은 인간들이 각자가 따라가야 하는 길을 적어주셨어. 보물이 있는 곳에 도달하려면 그 표식들을 잘 따라가야 해."

—류시화, 『좋은지 나쁜지 누가 아는 가』

그렇다. 류시화 시인의 말처럼, 어느 시기마다 적절히 닿은 인연들을 나 역시 신이 보내준 '표식(sign)'이라고 생각한다. 처음엔 알 수 없었지만, 소명에 따르는 삶을 살게 하기 위해 길에서 어긋난 것처럼 보이더라도 자신만의 길을 갈 수 있도록 신의 언어로 인간에게 만들어 준 인연.

당신이 내딛는 발걸음이 닿은 그곳에서 만난 도반과 스승을 통해 내면의 성장이 일어난다. 그것은 삶이 당신에게 준 선물이다. 우리는 그 기쁨의 선물을 기꺼이 받아들고 자신을 치유하고 성장시키며, 삶을 계속 업그레이드 해 나가기만 하면 된다. 나 역시 그러했으니.

5년 전쯤 마음공부를 위해 한 프로그램에 등록을 했었다. 단지 '해보고 싶다'는 마음에 시작한 마음 치유의 여정에서 난 인생의 도반과 스승을 만났다. 다양한 직업과 연령층으로 이루어진 공동체에서 우리는 같은 곳을 바라보며, 각자가 자기만의 치유를 해 나갔고. 저마다의 삶이 다르듯, 마음에 담긴 이야기가 달랐다. 현장에서 생생히 꺼내어진 고유한 경험을 공유하며 서로 하나 됨을 느끼고 진정한 소통이란 것을 체득했었다. 일상에서의 표면적 만남으로는 드러나지 않던 이야기들을 조심스레 꺼내 가며, 그렇게 서서히 드러난 마음들은 서로의 공감과 연민을 통해 치유가 되었다. 소통의 단절로 인해 고통 받던 마음이 함께 만나 어우러지며….

그 경험을 통해 내 안에만 갇혀 있던 마음이 세상으로 조금씩 눈을 돌리게 되었다.

도반들 앞에서 아픔을 드러내며 어둠과 빛이 교차했던 순간으로 가본다. 둥글게 모여 앉은 도반들의 시선이 향한 곳은 두 개의 의자가 마주하고 놓여있다. 내가 앉은 의자 맞은편엔 빈 의자가 하나 놓여 있고. 그렇게 나란한 의자를 번갈아 가며 '빈 의자 기법(자신 혹은 타인과의 관계를 지금-여기에서 다루기 위해 빈 의자를 사용하는 기법. 게슈탈트

Gestalt 심리치료에서 주로 사용)'을 통해 난, 내 안의 나와 마주한다.

바로 입이 떨어지지 않아 의자를 오고가기를 여러 번. 드디어 내가 드러난다. 숨죽이고 있던 시간만큼…. 깊이 침잠했던 만큼…. 그에 의한 반작용으로, 그 넓은 공간이 쩌렁하게 울릴 정도로 엄청난 내면의 슬픔이 쏟아 내어지고. 그렇게 쌓였던 울분이 토해지는 순간, 여기저기서 훌쩍이며 우는 소리가 귀를 타고 들어온다.

'내가 공감 받고 있구나.'

그렇게 다 쏟아내고 난 후에 만다라 작업을 하는데, 내 안의 무지개가 손을 통해 흰 도화지에 나타난다. 마치 희망적인 미래를 상징하는 무지개 인 듯.

집단 상담을 마친 후 나에게 다가온 도반들이 한 분 한 분 눈을 마주치며 위로를 건네는데, 그들의 눈에 눈물이 맺혀있다. 두 팔 벌려 날 안아서 당신의 마음을 표현 해 주는 분, 자신도 비슷한 고통을 겪었다며 자신의 경험담을 이야기 하시는 분. 그 치유의 공간 안에서 모두 연결되어짐을 느낀다.

'이 따뜻함은 뭐지?'

그들의 온 마음과 몸을 타고, 나의 수치스러운 부분이 받아들여진 것이다. 세상에 대한 두려움을 안고 지내던 내가 마음공부의 과정에서 도반과의 교류를 통해 마음의 경계들이 녹아내리는 경험을 했다. 사람에게서 나온 온기. 그 온기를 느낀 것이 내 '치유' 여정의 시작이었다.

그 과정에서 이 모든 것을 묵묵히 이끌어 줬던 스승은 각자의 어려움을 잘 극복할 수 있도록 지혜로운 길로 이끌어 주는 안내자였다. 아파도 괜찮다고 마음으로 등을 토닥이며 가슴 깊이 안아 주는 부모였다. 당신도 치유의 과정을 겪고 그 자리에 섰기에, 제자의 아픔과 나란히 갈 수 있는 단단한 힘을 가진 치유자였다.

서구 명상 지도자의 스승이자 임상 심리학 박사인 잭 콘필드(Jack Kornfield)는 『마음의 숲을 거닐다(A Path With Heart)』에서 말한다.

"노련한 스승과의 관계는 짧은 만남이든 평생의 친교든 간에 흔히 지극히 친밀하고 소중한 정신적 교류가 된다. 진정한 스승과 참된 가르침은 우리 마음을 깨달음으로 이끄는 성스러운 진리의 그릇이다."

사실, 빈 의자에서 나를 드러내기 까진 용기가 필요했다. 먼저 자신의 아픔을 제자들 앞에서 진실 되게 드러낸 스승이 없었다면, 나 또한 나의 가슴 아픈 경험을 여러 사람 앞에서 꺼내는 것은 불가능했을 것이다. 아마도 스승이 당신의 아픔을 그대로 드러낼 수 있었던 건, 힘든 시간을 극복해 낸 경험을 통해 타인의 고통을 공감하고 그 어둠에서 벗어나게 해주고픈 연민의 마음이 있었기에 가능한 것이리라. 그 스승과의 만남은 나를 또 다른 새로움의 길인, 상담자가 되기 위한 대학원의 '명상 심리상담'학과 입학으로 이끌었다.

20대 후반부터 마음이 힘들거나, 일상의 일들에서 조언을 구할 일이 있으면 아주 편하게 찾았던 곳이 바로 '상담실'이었기에 상담자가 된다는 것은 나 자신에게 매우 특별한 의미로 다가온다. 그 곳에 가면 참 편하고, 마음의 얘기들이 술술 나왔다. 그렇게 안전한 공간에서 복잡했던 일상의 문제들을 꺼내서 내 앞의 상담사와 함께 고민하면, 집으로 돌아오는 발걸음이 참 가벼웠다. 문제가 해결 되어서가 아니라 나와 함께 고민해 준 '당신'이 있어서였다. 공감 받고, 이해받고, 수용 받아서, '세상에 나 혼자가 아니구나. 내가 고민을 얘기하면 언제든 들어 줄 사람이 있구나' 하고 느끼게 했다. 그 사람과 그곳은 내 가까이에 있어서 언제든 나를 드러낼 용기만 있다면 몸과 마음이 머물 수 있는 안전한 사람과 장소였다. 그러고 보면 내가 지금 상담자가 되어가는 여정에 있는 것은 너무나도 당연하고 자연스러운 것이다. 상담실이란 공간과 상담사를 좋아했으니. 그 흐름을 알아차리고 나니, 미소가 지어진다. 그렇게 나를 '그 곳'으로 이끌기 위해 신은 곳곳에 인연을 숨겨 두었다가 시기적절하게 '팡, 팡'하며, 깜짝 선물로 '그 사람들'을 등장 시켰나 보다.

우리가 살면서 만나게 되는 스승은 다양하다. 내 가족부터 시작해서, 이웃, 상담실의 선생님, 더 나아가 인문학 강의를 해주시는 분들, 책의 한 글귀, 좋은 글을 써서 세상에 나올 수 있게 한 작가, 그리고 나 자신이다. 인문학 강의를 듣고 내가 해 나가고 있는 것들을 더 깊이 있고 넓게 인식할 수 있었고, 앞으로의 방향성도 보았다. 워크숍 수업자료에서 '성장의 징후들' 이라는 심리학 이론을 보게 되었고 그 내용이 현재 내 내면의 변화와 맞아 떨어진다는 것을 알게 되었다. '와! 내가 느끼는 것들이 이론적으로도 나와 있구나. 신기하다. 더 깊이 있게 공부해 보고 싶다. 그래서 나에 대해 더 많이 알고 싶다' 하는 마음에 대학원을 입학했다.

그후로 영감을 떠올려 주는 '내 안의 나'는 류시화 시인의 글을 마주할 때마다 어떤 울림을 느낀 후, 글을 쓰고 싶은 마음을 보게 했다. 또한 나만의 고요한 명상의 시간을 가지며 매 순간 성찰을 놓지 않으려고 노력하는 내가 있다.

이 수많은 스승들과의 만남. 그 만남의 종착지는 아마도 '나'라는 스승이 있는 곳이 아닐까.

20세기 인도의 영적 스승인 스리 니사르가닷따 마하라지(Sri Nisargadatta Maharaj)는 『아이 앰 댓(I Am That)』에서 외적인 스승은 하나의 이정표에 불과하다며 내적인 스승만이 우리 자신과 함께 목표지점까지 걸어가 줄 것이라고 말한다. 그리고 이 목표지점 또한 결국 내면의 자신, 즉 궁극적 스승이라고 말했다.

결국은 나를 '자립'시키기 위해 내 삶에 나타난 인연들이니 스스로를 스승으로 삼게 된 단단해진 내면의 힘으로 과거의 나와 같은 사람들을 '온전한 자립(내가 생각하는 온전한 자립은 스스로 서야 할 때를 알아 홀로 존재할 수 있고, 타인에게도 적절히 도움을 받으며 기댈 수도 있는 것이라 생각한다. 즉, 교류 속의 고독. 홀로 존재하되 '함께'라는 것도 기억하는 것)'의 길로 이끌어 주는 것으로 스승들에 대한 감사의 표현을 대신하면 되는 것이 아닐까.

또한 우리가 기억해야 할 것은 나 자신에게 좋은 도반이 되어 주는 것이다.

결국 스스로에게 좋은 도반과 스승이 되어준다면 바깥은 그것들이 함께 조화롭게 어우러지며 서로의 만남에서 성장이 일고 이로운 관계로 나아갈 것이다.

그렇게 삶은 나에게 인생의 스승과 마음공부 여정을 함께 할 도반을 얻게 해 주었다. 길다면 긴 삶의 성장 여정에서 한 존재를 어둠에서 나오게 해줄 인연들을 시기적절 하게 만난 것이다. 힘든 시기에 내 안에만 머무르지 않고 세상으로 나갔기 때문에 만난 '마음'이다.

자신의 모습 그대로를 인정해 줘

"지금 이 순간 내가 생각하고 있는 것을 다른 누군가는 생각하지 못합니다. 누구도 내가 차지하고 있는 이 자리를 차지하지 못합니다. (…) 우리는 늘 자신만의 고유하고 특별한 방식으로 사물을 경험합니다. (…) 이런 것들은 '얻어 내는' 게 아닙니다. 내면에서 들려오는 거죠. 자신의 특별함에 주파수를 맞추세요."

—웨인 다이어Wayne Walter Dyer,
『인생의 태도(Happiness is the way)』

나란 존재는 세상에 단 하나뿐이다. 과거에도 없었고, 미래에도 없을 우주 유일의 존재인 바로 나. 유니크(unique) 또는 오뜨꾸뛰르(Haute Couture, 예술성을 중시해 소량으로 제작되는 고급 맞춤복)로 표현 될 수 있는 특별한 존재. 참, 아름답다는 생각이 든다. 이 고유함이 말이다.

있는 그대로의 자신의 모습을 계발해 주어야 한다. 자신을 더 많이 이해하고, 알려는 노력도 필요하다. '이럴 때 난 이런 마음이 드는구나. 이런 것을 할 때 내가 좋아하는 구나.' 하면서 새로이 드러나는 자신의 모습을 한 발 짝 떨어져 지켜보며, 스스로의 고유성을 인정할 때 내면에서 감사와 기쁨이 차오르기 시작한다. 그 기쁨은 무엇과도 바꿀 수 없는 귀한 것 이며, 나만이 느낄 수 있는, '진정한 나의 것'이다. 자신을 알게 되고, 만나게 되는 순간 드디어 당신은 자유로워짐을 느낀다.

"이제 나와도 돼. 괜찮아. 있는 그대로의 너의 모습을 보여줘."

연극 무대에 서고 싶어서 대학로 연기학원을 찾아가 연기지도를 받았다. 좋아하는 꽃을 이용해서 심리학과 명상을 접목시킨 마음 치유 프로그램을 진행했다. 몸을 만들고 싶어 헬스장을 등록해 꾸준히 운동을 하고, 춤이 좋아 힙합을 배웠다. 이게 다가 아니다. 문화센터 수필 반에 등록해서 나의 이야기를 글로 써서 낭독 회를 하고, 세대를 가로질러 선배, 후배 작가들과 소통하며 진정한 행복을 느꼈다. 그렇다. 이런 모습들이 나란 사람이다. 얼마나 답답했을까. 그동안 자신을 꽁꽁 싸매고, 그 붕대 안쪽에 숨어 있느라 말이다.

너무나 약했던 나의 자아는 자신의 모습이 드러나면, 스스로를 비난하고 다시 안으로 파고들기를 반복 하면서 괴로워했다. 나오고 싶지만 세상의 반응이 두렵기에 얼굴을 밖으로 살짝 내밀어 보고는, 이내 '아니야, 아니야. 그냥 안에 가만히 있자.' 하며 자신을 표현하기를 거부했다. 그런데 이 두려움 많던 자아가 '진정한 자립'이란 것을 해 나가고 있다. 기존의 익숙한 모습과 조금이라도 다른 경험을 하면

곧바로 수치심이 올라왔던 내가, 그럼에도 불구하고 하고 싶은 것들을 해 나간다. 이 과정에서 자신의 새로운 모습을 비난하지 않고, 환영과 기쁨의 마음으로 받아들이는 것이 중요하다. 당신의 새로운 자아는 아직 충분히 단단하지 않기에, 의식적으로라도 옆에서 든든한 친구가 되어 주는 것이 필요하다. 그리고 새싹처럼 드러나는 자신의 모습을 가만히 따라가며, 지켜봐 주라. 판단하지 않고 수용해 주라는 말이다.

이럴 땐 마음 챙김과 자기연민이 필요하다. 마음 챙김이란 "의도적으로 이 순간에 어떤 판단도 하지 않고 주의를 기울이는 것"이라 한다. (존 카밧진Jon Kabat-Zinn, 『처음 만나는 마음 챙김 명상』) 자기연민은 "우리가 가장 필요할 때 스스로에게 좋은 친구, 즉 내면의 적보다는 내면의 동지가 되어주는 수행"이라고 한다. (크리스틴 네프Kristin Neff·크리스토퍼 거머Christopher K. Germer, 『나를 사랑하기로 했습니다』)

당신이 해야 할 일은 스스로를 챙기고 보살피며 자신의 새로운 자아를 응원해 주는 것이다. 그럼과 동시에 『인간이 그리는 무늬』에서 최진석 교수가 말한 것처럼, '내면에서 불쑥불쑥 튀어나오려는 그 것'을 놓치지 말아야 한다. '아, 이거 해보고 싶어.' 하는 마음을 붙잡고 함께 새로운 것을 시도해 보면서 옆에서 든든하게 자신을 지켜봐 주어라. 낯선 자아의 모습에 움츠러드는 대신 다시 안으로 숨으려는 그 아이를 불러놓고 두렵지만 같이 해보자며 든든한 지원군이 되어 줘라.

이쯤에서 묻고 싶다. 당신은 어떤 사람인가?

어른이 되었지만 여고 시절 수줍음 많던 소녀의 모습이 아직 많이 남아 있는가? 배우고 싶은 것이 있어도 주변의 눈치가 보여 행동으로 옮기지 못하는 사람인가? 하고 싶은 말이 목구멍까지 차오르지만, 자신에 대한 주변의 평가가 두려워 그 얘기를 꺼내지 못하는 사람인가? 드디어 원하던 직장에 출근 한 첫날, 함께 작업하던 직장 동료의 빈정거림에 마음이 흔들려 그다음 날 바로 회사를 그만둔 경험이 있는 사람인가?

눈치 챘겠지만 전부 나의 이야기다. 나는 그런 사람이었다. 그리고 그런 자신의 모습을 싫어하고 비난까지 해대는, 스스로에게 너무나 가혹한 비판자였다. 게다가 자신을 어떤 방식으로든 드러내서 표현하면 수치심이 올라와 감정적으로 많이 힘든 시기를 오랫동안 겪기도 했다.

그렇다. 앞에 이야기한 나의 이야기는 모두 과거형이다. 지금은 그렇지 않으니까. 적어도 스스로 자신을 비난하지는 않는다. 난 어떤 상황에서든 자신의 편에 서기를 선택했으니까(자신을 성장시키기 위한 성찰은 필요하다. 그건 또 다른 얘기다). 그건 선택이 가능한 것이다. 스스로가 정한 틀에 자신을 가두어 두지만 않으면 충분히 가능한 이야기란 말이다. 아, 그 '스스로가 정한 틀'은 내 안에 있는 틀이지만 잘 살펴보면 내가 만든 기준은 아닐 수 있다. 어린 시절 부모님께서 바라는 자식의 모습일 수 있고, 학교 선생님의 기준에 의해 형성 된 것일 수 있다. 그리고 획일화된 주변의 환경에 따라 저절로 흡수된 기준일 수도 있다.

자신을 잘 들여다보며 매 순간의 선택들이 '과연 정말 나의 선택인가?'라고, 스스로에게 질문해 보라. 진정한 내면의 성장은 이 질문으로부터 시작된다. 당연하다고 여겼던 것들에 대해 반문해 보는 것. 무언가 시도하기 두렵다면, '내가 무엇 때문에 두려워하는 거지?', 그리고 '난 왜 그 일은 하고 싶어 하는 걸까?' 하고, 매 순간 스스로에게 물어라. 그러면 마음은 그에 대한 답을 분명히 준다. 그 답을 듣기 위해선 평소에 자신의 마음에 귀를 잘 기울이고, 관심을 많이 가져줘야 한다.

당신의 마음을 그 어떤 순간에도 놓지 말기를. 자신의 마음을 놓는 건, 자신의 삶에 책임을 지지 않겠다는 것과 같다. 나를 붙잡으려는 그 노력에서부터 나만의 기준이 만들어진다. 처음부터 잘 되진 않을 것이다. 그렇지만 포기 하지 않고, 스스로를 성장 시키고픈 간절함으로 꾸준히 해 간다면, 분명 자신을 더 잘 알게 되고, 스스로를 인정해 주게 되는 순간이 온다. 내가 했으니, 당신도 할 수 있다.

주변의 타인들과 다른 것을 틀린 것으로 여겼었다. 그래서 자꾸만 나와 비슷한 사람을 찾으며 그 속에 함께 묻어가길 원했었다. 스스로의 선택으로 자신을 감추어 두었던 것이다. 이젠 그럴 수 없다는 것을 안다. 다르기에 오히려 더 아름답다는 것을 알았기에. '나다움'은 '다름'에서 나온다는 것을 느꼈기에. 내가 보이기 시작하면서 나란 사람이 좋아졌다. 나는 내가 참 좋다. '이런 것이구나. 자신을 좋아한다는 것이.'

늘 자신을 비난하던 자아와 수치심이란 감정은 그 강도가 많이 줄었고, 가끔씩만 나타난다. 나타나더라도 '이 좋은 나'가 자리를 잡고 있어서 기를 제대로 못 편다. 정말 세상이 달라졌다.

있는 그대로의 자신의 모습이 드러나기 적절한 시기란 따로 없다. 내가 참여하는 여러 공동체 중 하나인, 문화센터의 수필 클래스에는 3개월에 한 번씩 돌아오는 새 학기가 되면 신입생이 들어오는데, 말이 신입생이지 보통 예순 즈음 또는 그 이상 되신 인생 선배님들이다. 그런데 그분들에게서 느껴지는 연륜에서 빚어진 투명함과 순수함이 너무나 사랑스럽고 존경스럽다. 언제든 배움을 추구하는 열정적인 모습에서 나 자신 또한 동기부여가 되고, 꾸준히 자신을 성찰하는 글쓰기를 실천하는 모습에서 존경심이 우러난다. 나이를 잊고 친구가 될 수도 있을 만큼, 좋아하는 활동으로 이루어진 관계라 그런지 처음부터 친근함을 느끼기도 했다. 사실, 고백하자면 수업 첫날 앞에 나가서 자기소개를 하는데 온몸에 전율이 왔다. 한 분 한 분의 모습에서 각기 다른 고유함이 느껴져서 그랬고, 나의 이야기에 열렬한 반응으로 화답 해주셔서 그랬다. 그리고 수업 내내 마음이 차오른 채로 있던 그 첫 순간을 내 몸은 기억한다. '그들과 나는 같구나. 다르지만 결국은 같구나.' 하는 마음에 환희심을 느끼며 그 순간에 존재했었고, 그 느낌은 지금 내가 이렇게 꾸준한 글쓰기를 할 수 있도록 해주었다.

이런 느낌이다! 그 느낌을 놓치지 말고 잡아야 한다. 그건 나에게

만 느껴지는 것이고, 나만이 알 수 있다. 타인에게 이해 받을 필요도 없는 것이다. 그들은 내가 아니니까.

그렇게 나만의 '충만한 느낌'을 따르다 보면, 어느 순간 자기만의 흐름을 타게 된다. 너무나 자연스럽게 나의 세계가 확장 되는 것. 그러면서 나만의 향기가 만들어 지고, 그 향기는 곧 주변으로 퍼지게 된다. 이런 마음으로 하나하나 원하는 걸 해나가다 보면, 자연스레 내면에 힘이 생기고 스스로가 뿌듯한, 내가 나여서 행복한 순간이 온다. 당신의 설레는 여정을 기대한다.

"나는 언제나 그대를 응원한다. 그대의 삶을 응원한다. 그리고 당신이 '나답게, 향기롭게, 자유롭게' 살아가길 바란다."

나답게, 진실로 나답게 가꾸기

자신을 안다는 것은 중요하다. 나의 마음을 안다는 것은 스스로를 챙기는 것이다. 타인이 내 삶의 결정권자가 되지 않도록, 내 삶의 결정은 내가 하도록, 스스로를 지키는 일이다. 중심을 지키는 일이다. 그래서 자신을 알아야 한다. 그동안 몰랐다면, 이 글을 읽고, 이제부터라도 알아 가면 된다. 당신은 그럴 권리가 있다. 그건, 삶이 당신에게만 준 고귀한 특권이므로 자신에게 최고의 것을, 최고의 대우를 해줄 권리가 나에게 있다는 말이다. 왜? 내 인생이니까.

사랑의 가치에 대한 강연을 통해 '닥터 러브'란 애칭으로 유명한, 미국의 교육학자 레오 버스카글리아(Leo Buscaglia)가 "이 세상에서 목숨을 걸 만한 가치가 있는 가장 위대한 단 하나의 전투는 바로 '진정한 나'가 되기 위한 싸움이다"라며, 그의 저서 『살며 사랑하며 배우며』에서 말했듯. 또 『자기만의 방(A Room of One's Own)』에서 버지니아 울프(Virginia Woolf)가 "자기 자신이 되는 것이 다른 어떤 것보다 훨씬 더 중요하다. (it is much more important to be oneself than anything else.)"라고 말했듯. 나의 마음을 알고, 가꾸어가는 것은 중요하다.

마음이란 무엇일까? 우리 눈에 보이지 않고 만져지지도 않는 이 마음을 우린 얼마만큼 알고, 느끼며 살고 있을까?

서양 정신분석학의 창시자인 프로이트(Sigmund Freud)는, 인간의 자각 수준을 의식(conscious), 전의식(preconscious), 무의식(unconscious)으로 구분 지어 마음의 작용을 나타내었고, 동양 정신에서는 음과 양이 어우러져 자동적으로 돌아가는 일상에서 그에 반하는 의지와 동시에 '탁' 하고 일어나는 것이 마음이라고 설명한다. 그 탁! 하고 일어나는 중심 자리가 바로 마음이라는 것이다.

이렇듯, 다양한 관점에서 설명 되어지는 이 마음이라는 것을 우린 궁금해 해야 하고, 알아야 할 필요가 있다. 그 앎은 나에게 좋은 것을 넣어 주는 것으로부터 시작된다. 마음이 원하는 것들을 하나둘씩 넣어 주면서 나다움이 만들어 진다. 나만의 향기가 주변으로 퍼지게 된다.

『다산의 마지막 공부』에서 고전연구가 조윤제는 말한다.

"나를 지킨다는 것은 외부의 모든 자극을 막고자 스스로를 비우는 고립이 아니다. 내부를 좋은 것으로 채워나가는 것이다."

이 '채울 수 있는 공간'이 마음이라는 것일까. 그럼, 여기서부터 시작하면 되는 것일까. 맞다. 거기서부터다. 내가 좋아하는 '그 무언가'를 하면서, 좋은 것을 조금씩 넣어주면 된다.

좋은 것으로 나의 마음을 채워주었던 경험은 20대 중반에 시작한 사진 찍기였다. 낯선 장소와 새로운 인연과의 만남을 통해 생기가 돋는 나는, 매 주말마다 출사를 다니면서 내부의 에너지가 차오름을 느꼈다. 새로운 곳에서 낯선 인연을 만나, 그 곳과 그들을 알아가고 같은 취미활동을 공유하는 것이 좋았다. 지금도 어느 공간에 머물렀던 자신의 궤적을 사진으로 남기는 것이 삶의 일부가 되었을 정도로, 시각적으로 일상을 포착하는 행위는 나에게 뿌듯한 기쁨을 준다. 그 뿌듯한 기쁨은 새로운 배움을 얻고, 스스로를 성장시킨 시간들이 눈에 보이는 기록으로 남는 것에서 온다.

사진 이후에 마음을 뛰게 했던 활동은 꽃꽂이다. 붉은 장미와 맨드라미, 퐁퐁 국화를 손으로 만지며 한 시간 반 동안 몰입하고 그 생동감 넘쳤던 순간에 '아! 내가 살아있는 느낌이야.'라는 마음을 느꼈고, 그 후로 '꽃으로 하는 마인드 힐링' 수업을 진행하며 나만의 순간들을 마음에 차곡차곡 쌓아갔다. 그때 경험했던 생생한 몰입의 경험이 꾸준한 무언가를 하게 했다.

"몰입은 삶이 고조되는 순간에 물 흐르듯 행동이 자연스럽게 이루어지는 느낌을 표현하는 말이다. (…) 쉽지는 않지만 그렇다고 아주 버겁지도 않은 과제를 극복하는 데 한 사람이 자신의 실력을 온통 쏟아부을 때 나타나는 현상이다."

— 미하이 칙센트미하이 Mihaly Csikszentmihalyi

『몰입의 즐거움 Finding Flow』

사진, 꽃꽂이 그리고 아래에 나올 글쓰기는 나 자신이 몰입을 통해 경험한 집중 상태에서 기쁨을 맛보았기에 해 나갔던 활동들이다.

모두 마음이 나를 어느 곳, 어느 활동으로 이끌었다. 그중에서도 글쓰기는 서점에서 골라든 시집 한 권이 마음에 큰 울림을 주면서 시작 되었다. 몸 깊숙한 곳에서 울음이 차오르는데, 글을 쓰고 싶다는 마음도 함께 올라왔다. 그리고 곧바로 문화센터 수필 쓰기 강좌에 등록을 했고, 그 경험을 살려 지금은 이렇게 공동저서를 쓰게 되었다. 전혀 예상치 못한 행보였다. 머리로는 이해되어지지 않은, 오직 마음이 움직여서 한 것들이다.

이렇게 마음이 좋아하는 것들을 채워갈 때 나만의 향기가 드러나게 된다. 새로운 자신의 모습이 낯설게 느껴지더라도 마음이 원하는 것을 해보는 것. 이성의 판단은 잠시 내려놓고 내가 배우고 싶은 활동에 참여 해보는 것. 내 안에서 솟아나는 그 무엇을 시도해 보는 것. 여기서부터 나의 마음은 가꾸어지기 시작한다. 내가 하는 것이다. 그 누구도 대신 그것들을 해 줄 순 없다.

사실 나는 마음에 스스로 좋은 것을 넣어 줄 수 있다는 걸 몰랐던, '내부를 좋은 것으로 채우며 자신을 지키는 법'을 알지 못하던 때가 있었다.

마음이 부정적인 감정들로 가득해 다른 긍정적인 것들은 들어 올 틈이 없었던 시절. 그 부정적인 감정을 깊이 들여다보면, 불안이 내재된 흔들림이었고, 타인의 것은 인정하면서 내 것은 보지 못하는 안

타까움도 포함된, 존재가 사라지기 직전의 수치감이었다.

'나는 누구일까?', '나는 왜 이 세상에 왔을까?'라는 물음으로 써 내려갔던 학창 시절의 일기장. 그것이 쓰여지게 된 근원의 지점으로 가보면, 나의 마음을 알고 싶어 하는 간절함이 있었고, 간절하지만 알 수 없어 답답한 마음에 스스로에게 했던 질문이었다. 아마도 이 또한 마음이 일으킨 물음일 테지.

'나는 누구일까?'는 나약한 한 존재가 바닥에서 잡은, 살고자 하는 간절함에서 나온 절실한 물음이었다. 도대체 앞을 알 수 없어서, 아니 미래까지 가진 않더라도 현재의 상황이 받아들여지지 않고, 너무나 억울해서 내 안의 누군가에게 답을 달라고 간절히 던진 물음이었다. 들리지 않는 답일 지라도 묻고 또 물었던 존재 자체에 대한 근원적인 물음.

그저 답답해할 줄만 알았지, 어떻게 그 상황을 좀 더 현명히, 나에게 이로운 쪽으로 이끌어 갈 수 있는지 고민할 수 있다는 것조차 알지 못했던 시절. 말로는 설명되어지지 않는, 그저 지금은 나에게 필요한 경험이었다 말하여 지는 시간들일 뿐이다.

"삶은 경험의 연속이며, 우리 모두는 그 경험들을 통과해야만 합니다. 비록 우리가 보지 못할지라도 모든 경험에는 원인이 있고 목적이 있습니다."

— 엘리자베스 퀴블러 로스·데이비드 케슬러

Elisabeth Kübler-Ross·David Kessler, 『인생 수업(Life Lesson)』

당신의 마음 안엔 지금 어떤 것들이 들어 있는가? 혹 과거의 나처럼 자기 비난과 수치심으로 매 순간을 보내고 있지는 않은가. 그렇다면 우선 자신의 현재 상황을 있는 그대로 받아들이는 것이 중요하다. 지금 당신의 경험은 당신이 하는 것이니 그만한 가치가 있다는 말이다. 지금 당신의 모습도 그대로 인정해 주고, 그다음 발걸음을 옮기면 된다.

자신의 현 상황을 받아들인 후엔 스스로를 성장으로 이끄는 이로운 선택을 해야 한다. 한 번 해볼 만하지 않은가. 생각만 해도 기쁘지 않은가. 스스로를 성장 시키는 삶이 말이다. 그보다 더 귀한 선택은 없다. 분명 자신에게 좋은 것을 넣어 줄 수 있다. 그건 당신의 선택이다. 이 아름다운 삶을 마음껏 누리기 위한, 필수 불가결한 선택 말이다. 세상을 당신만의 '그 무엇'으로, '당신'으로, '그대다움'으로 물들이길 바란다. 이건 내가 스스로에게 하는 말이기도 하다. 난 나를 믿고, 당신을 믿는다.

"당신이 스스로의 마음을 가꾸어 진정한 자신을 만나길 간절히 바란다."

요하네스 페르메이르, <진주 귀걸이를 한 소녀>, 1665년작

꿈꿀 수 있다면,
이룰 수도 있습니다

작가 임경미

글을 쓸 때 행복한 사람이다. 글을 통해 사람들에게 인정받고, 글로 타인과 소통하는 것이 좋았다. 글을 쓰며 먹고 살 수 있다면 참 좋겠다고 생각한 그는 지역신문사에 입사했지만 기자로는 해소되지 않는 갈증이 있었다.

하지만 저자의 형편은 오아시스를 찾는 길이 아닌 안정을 찾는 길을 가게 만들었다. 당연히 그러해야 한다는 사회의 기대와 시선에 글 쓰는 것을 포기하고 대기업 유통회사에 입사하여, 점포의 매출을 올리고, 문제 해결을 중재하는 컨설턴트로 일했다. 일하는 동안 나이도, 성향도, 성별도 제각각인 다양한 사람들을 만나며 관계의 어려움을 겪었던 저자는, 갑을 관계의 인식을 가지고 대하는 사람들 사이에서 중재자 역할을 잘 해야 된다는 책임감과 회사의 대리인이라는 무게에 사회가 원하는 가면을 쓰고 살았다.

어느 순간 그녀는 자신을 버리고 타인에게 맞춰 살아야 하는 현실에 환멸을 느꼈고, 심적, 육체적 고통이 더해져 삶의 의미마저 잃어버리게 되었다. 모든 것을 포기하고 싶다고 생각했던 순간, 역설적이게도 새로운 삶에 대한 의지가 찾아왔다.

자신의 상처를 치유하기 위해 그녀가 선택한 방법은 결국 다시 '글을 쓰는 것'이었다. 글쓰기를 통해 과거를 돌아보고, 상처받았던 자신을 위로했다. 조금씩 상처가 회복되었고, 저자처럼 나를 드러내지 못하고 억누르며 사는 상처 받은 타인의 아픔이 눈에 들어왔다.

저자는 이 책을 통해, 행복한 삶을 살기 위해서는 스스로에게 솔직해져야 한다고 말한다. 자신의 생각과 감정에 솔직해지고, 그에 충실한 삶을 살면 외부에서 찾지 않아도 행복한 삶을 살 수 있다고 말한다.

그녀는 이제 자신의 상처를 치유하고 행복한 인생을 살게 된 경험을 바탕으로 타인의 상처를 어루만지는 또 한 권의 책을 집필 중이다. 그녀의 글을 통해 상처받고 힘들어하는 사람들을 위로하고 치유하며 더없이 행복한 삶을 누리길 소망하고 있다.

Email : miadahlia@naver.com

Instagram : mi_a_dahlia

결핍은 결국 사랑이었네

결핍은 인간에게 어떤 영향을 미칠까.

우리는 저마다 결핍을 가지고 있다. 육체에 대한 결핍, 돈에 대한 결핍, 애정이나 능력에 대한 결핍. 다양한 결핍들만큼 그것을 대하는 우리의 방법도 제각각이다. 누구는 결핍을 없애기 위해 노력하고, 혹은 다른 것으로 채우려 한다. 아니면 전략을 바꿔 결핍을 숨기거나 외면한다. 마치 결핍이 나쁜 것이거나 이를 드러내는 것이 잘못된 것인 양.

내게도 결핍이 있었다. 이런 결핍으로 나는 잎이 무성한 나무였던 유년기를 지나 뾰족한 가시가 솟아난 선인장 같은 성인이 되었다. 결핍을 충족시키고 싶은 욕망이 하나둘 가시를 만들어버린 것이다.

우리 가족은 내가 어릴 때부터 경제적인 이유로 떨어져 살았다. 아버지는 돈을 벌기 위해 내가 태어난 경기도에 홀로 남으셨고, 언니와 나는 어머니와 함께 외가로 내려왔다. 당시만 해도 지금처럼 교통이 발달하지 않은 탓에 아버지는 어쩌다 한 번 우리를 찾아왔다. 나는 아버지가 집으로 오는 날이면 크리스마스 선물 같은 커다란 기쁨을 느꼈다.

그런 아버지는 단 한 번도 나를 혼낸 적이 없었다. 아마도 어린 딸을, 그것도 한 달에 한 번 볼까 말까 한 딸을 혼낼 정도로 차가운 사람이 아니었을 것이다. 그 덕에 나는 그동안 못 받았던 사랑을 받기 위해 예쁜 짓을 했고, 아버지는 언제나 응석을 받아주었다. 아버지는 내게 변함없는 사랑을 주는 왕자님이었고, 늦은 저녁, 문을 잠그고 자지 않아도 무섭지 않은 든든한 호위무사 같은 존재였다.

한번은 시장에서 아버지의 손을 놓쳐 낯선 아저씨의 손을 잡고 따라간 적이 있었다. 그때 내 이름을 부르며 달려오는 아버지의 표정이 아직도 머릿속에 생생하다. 내가 어디서, 어떤 어려움에 처하든 한걸음에 달려와 구원해주는 사람. 그래서 더욱 아버지를 따랐다. 그런 아버지가 완전히 내려와 우리와 함께 살게 되었을 때의 행복감이란. 말로 표현할 수 없을 정도로 큰 것이었다.

그런데 야속하게도 세상일이 다 내 뜻대로 되는 것은 아니었다. 내가 18살이던 해에 그렇게 믿고 의지했던 아버지가 암으로 세상을 떠났다. 아버지와 함께한 행복이 얼마 지나지 않아 이렇게 허무하게 끝나버렸다. 이제는 나를 사랑해주는 이가 없었다. 그러나 난 여전히 사랑 받고 싶었다.

돈을 벌기 위해 바쁜 어머니와 무뚝뚝한 언니는 이런 애정 욕구를 충족해주지 못했다. 애정에 목마를수록 아버지의 빈자리가 너무도 크게 느껴졌다. 그리고 나를 사랑해준 아버지를 외롭게 홀로 보냈다는 죄책감에 사로잡혔다. 결국 나는 죄책감과 결핍 속에서 끊임없이 사랑을 갈구하는, 그리고 사랑받지 못하는 것이 두려워 속마음을 털어놓지 못하는 아이가 되어버렸다.

아버지의 존재는 내게 든든한 호위무사이자 왕자님이었지만, 아버지의 부재는 단점이자 콤플렉스가 되었다. 일찍 아버지가 돌아가신 걸 알게 된 사람들의 동정 어린 표정이 나를 더 힘들게 했다. 그래서 아버지가 일찍 돌아가셨다는 사실을 사람들에게 말할 수가 없었다. 이 비극적인 이야기로 인해 무거워지는 분위기가 싫었다. 그래서 나는 고통도, 걱정도 없는 사람처럼, 아무렇지도 않은 척 살았다.

사람들의 동정 어린 시선은 나 스스로를 통제하게 했다. 흔히 말하는 '아비 없는 티'를 내지 않기 위해 노력한 것이다. 그 누구도 내게 그렇게 살아야 한다고 강요하지 않았음에도, 높은 도덕적 기준으로 행동과 생각을 통제했다. '올바르게 자라야 한다. 나쁜 짓을 하면 안 된다. 예의 바르게 행동해야 한다'라는 생각이 마음속 깊이 박혔다. 만약 내가 비뚤어지면, 그래서 사람들로부터 "아비 없이 자라서 버릇없네"라는 말을 듣게 된다면, 오랫동안 언니와 나를 홀로 키워온 어머니가 얼마나 낙담하실까. 혹여나 어머니가 상처받으실 것이 두려워 스스로 통제하고 또 통제했다. 소위 법 없이도 살아갈 사람처럼.

그러나 올바르게 사는 것이 애정에 대한 갈증을 해소해주는 것은 아니었다. 갈수록 '어떻게 하면 사랑을 받을 수 있을까. 사랑받기 위해 나를 변화시키자. 상대방이 원하는 모습이 되자' 이런 어리석은 결심이 내게 가면을 씌웠다. 억지로 만들어낸 가면 속에 진심을 숨긴 채, 사람들에게 사랑받기 위해 그들이 좋아할 만한 행동을 했다. 이 방법은 효과적이었다. 학생이었을 때도, 사회인이었을 때도 원만한 인간관계를 유지했고, 좋은 평판을 얻었으니까.

가면은 결국 나를 '착한 아이 콤플렉스'(타인으로부터 착한 아이라는 반응을 얻기 위해 자신의 말이나 행동 등을 억압하는 심리를 이르는 말)에 걸리게 했다. 그래서 부담스러운 부탁을 받을 때나 부당한 대우를 받을 때도 속마음을 말하지 못했다.

'세상에 공짜는 없다. 내가 원하는 사랑을 받기 위해서는 대가를 치러야 한다' 이런 생각에 갇혀 벅차고 힘든 상황에서도 인내하며 그들이 원하는 대로 행동했고, 마치 보상처럼 부여받은 사랑과 긍정적인 피드백에 만족감을 느꼈다.

다니던 회사를 그만두고 이직을 결정했을 무렵이었다. 내가 원하는 직업을 갖기 위해 여유를 갖고 이직을 준비할지, 원하지 않은 직장이라도 서둘러 취업해서 경제적으로 독립을 할지 선택의 갈림길에 섰다.

내 나이 스물다섯, 회사에 다니면서 대학도 졸업한 상황이었다. 사람들은 좋을 때라고 말하겠지만, 내게는 그럴 만한 여유가 없었다. 내가 진정으로 원하는 것을 직업으로 갖기에는 많은 시간과 돈이 필요했는데, 그게 사치처럼 느껴졌다. 결국, 경제적으로 독립해야 한다는 압박감에 서둘러 취업했다. 그것이 딸로서 마땅히 해야 할 도리라고 생각했기 때문이었다.

'하고 싶은 일을 하면서 사는 사람이 몇이나 되겠는가?' 이런 생각으로 스스로 위로하며 회사생활에 전념했다. 꿈꾸지 않았던 인생을 살면서도 나름 행복했고, 견딜 수 있었다. 그런데 나의 몸과 마음은 인식하지 못한 사이에 망가져 갔다. 인간관계에 대한 회의도 밀려왔다.

사랑받기 위해 노력해서 얻은 보상이 언제까지나 나를 행복하게 만들어 주진 못했다. 나의 행동은 대가를 원했다. 내가 무한으로 주는 애정처럼 주변 사람들도 내게 그러하기를 바랐던 것이다. 그런데 때로는 멀쩡했던 관계가 어긋났고, 내 우호적인 행동이 의도하지 않은 결과를 낳았다. 그렇게 오해가 쌓이고, 문제가 생길 때마다 큰 충격을 받았다. '내가 너를 얼마나 소중히 대했는데, 너에게 나는 고작 주변인 중 1명일 뿐인 거야? 어떻게 나를 이렇게 대할 수 있어?'라는 동등한 교환심리가 나를 더욱 괴롭혔다.

무언가 잘못된 것이 틀림없었다. '남을 통해 얻는 행복이 진정한 행복인가?', '이렇게 사는 것이 정말 내 모습대로 사는 것인가?' 스스로 질문을 던졌을 때 자신 있게 그렇다고 대답할 수 없었다. 나는 이미 정답을 알고 있었다.

그동안 내 인생을 불행하게 만들며 살아왔구나.

사육장에 갇힌 호랑이에게 행복이란 무엇일까. 충분한 먹이를 준다고 진정한 만족감을 주지는 못할 것이다. 그런데 나는 그 사실을 깨닫지 못한 채 야생성을 버리고 인간에게 길들여 불이 타오르는 링 안을 뛰어드는 서커스 호랑이처럼 살아왔다.

이렇게 살고 싶지 않았다. 많이 지치고 힘들어서 모든 것을 포기하고 싶어졌을 때, 유일하게 내게 힘을 주는 생각 하나가 떠올랐다.

'더는 가면을 쓰고 싶지 않아. 있는 그대로의 모습대로 살고 싶어'

그동안 아버지가 돌아가시며 남긴 유일한 유산은 '부재'라고 생각했다. 그러나 내 생각이 틀렸다. 아버지는 세상을 떠나면서 자신의 소중한 딸이 그렇게 살기를 바라지 않았을 것이다. 힘들어도 당당하게 시련을 이겨나가기를 원하시지 않았을까. 당신이 기억하는 딸의 모습처럼 언제나 당차게, 자신을 사랑하며 살아가기를, 아버지가 없어도 행복하게 살기를 바라셨을 것이다.

아버지의 유산은 '부재'가 아니라 '사랑과 행복'이었다. 이 사실을 깨닫기까지 참 오랜 세월을 보냈다. 이제 나는 아버지의 부재를 결핍으로 받아들이지 않기로 했다. 아버지가 남겨주신 유산인 사랑과 행복이 있으니 내게는 결핍이 없다. 그러니 더는 사랑받기 위해, 남을 위해 썼던 가면을 쓸 필요가 없어졌다.

사랑을 갈구하지 않아도 행복한 인생을 살 것이다. 나를 숨겼던 가면을 벗어던지고, 있는 그대로의 나로서 살아갈 것이다.

지금, 행복하세요?

“지금 행복하세요?”라는 질문을 받았을 때 당신은 “네”라고 대답할 수 있는가. 그렇다면 “정말 행복한가요?”라는 물음에도 “네”라고 대답할 수 있는가. 마지막으로 “무엇이 당신을 행복하게 하나요?”라는 질문을 받았을 때 서슴없이 그것을 말할 수 있는가.

“지금 행복하세요?”라는 물음을 받았을 때 나는 “네”라고 대답했다. 그런데 만약 “왜 행복하다고 느끼세요?”라는 질문을 받았다면 대답할 수 없었을 것이다. “먹고 사는 거 걱정할 필요 없이 돈을 벌고, 집 걱정 안 하고 살 수 있으니까요”라고 대답하더라도 뒷맛이 씁쓸하다. 그 이유는 이것들이 행복감을 주기에는 빈약해 보였기 때문이다. 그리고 어느덧, 행복했다고 인지했던 과거를 이야기 하는 동안 나도 모르는 사이 눈물이 흐르고 있었다. 행복한 줄 알았던 나의 삶이 사실은 그렇지 않았던 것이다.

행복을 이야기할 때면 가장 먼저 떠오르는 동화가 있다. 바로 모리스 마테를링크의 동화 《파랑새》이다. 어느 날 틸틸과 미틸은 옆집 할머니로부터 행복을 주는 파랑새를 찾아달라는 부탁을 받는다. 그들은 파랑새를 얻기 위해 노력했지만, 결국 실패한다. 그리고 파랑새 잡는 것을 포기하고 집에 돌아왔을 때 그들의 집에 있는 파랑새를 발견한다.

우리는 행복한 삶을 원하지만, 무엇이 '진정한 행복'인지는 간과하며 산다. 나 역시 마찬가지였다. 그리고 과거를 이야기하며 눈물을 흘리고 나서야 진정한 행복에 대해 고민했다. 그리고 행복의 파랑새를 찾아 떠난 틸틸과 미틸처럼, 나에게 진정한 행복을 주는 것이 무엇인지 찾아 나섰다.

'진정한 행복'이란 무엇인가. 부(富)와 명예, 건강, 훌륭한 직업, 사랑이 행복을 가져다주는가. 이 모든 것이 충족된다면 당신은 행복한가. 그러나 이것들이 부족하지 않게 채워져 있었을 때의 나는 행복하지 않았다. 알 수 없는 결핍감과 공허함으로 인해 오히려 지독한 갈증을 느꼈다. 역설적이게도 나는 행복했지만, 행복하지 않았다.

수단의 슈바이처로 불리는 이태석 신부는 의사라는 촉망받는 직업을 가졌음에도 불구하고, 그 직업을 그만두고 신학교에 입학해 신부가 되었다. 그리고 아프리카 남수단의 톤즈라는 지역에 정착했다. 그곳은 내전 중이었고, 사방에 위험이 도사리고 있었다.

그 험지에서 이태석 신부는 사람들을 치료했고, 학교를 지어 아이들을 가르쳤으며, 밴드를 결성해 악기를 배우게 했다. 교육과 음악으로, 전쟁의 기운이 감도는 환경에서도 아이들이 행복하게 자랄 수 있도록 돕다가 자신의 삶을 다하고 세상을 떠났다. 다큐멘터리 〈울지마 톤즈〉를 통해 본 이태석 신부의 얼굴은 행복과 희망으로 밝게 빛나고 있었다.

이태석 신부의 삶은, 진정한 행복이란 사회적 명성과 촉망받는 직업, 멋진 집과 고급 자동차, 자식의 높은 성적처럼 우리가 흔히 추구하는 것들에서 오지 않음을 잘 보여준다. 우리는 그의 삶을 통해 내게 진정한 행복을 가져다주는 것은 나로부터 시작됨을 알 수 있다. 세상 사람들의 일반적인 기준이 아닌 자기 뜻과 기준에 따라, 자신이 원하는 것을 하는 것이 진정한 행복을 준다.

진정한 행복을 누리기 위해서는 행복의 균형을 이루어야 한다. 행복은 한 가지 요소만 충족되어서는 완성되지 않기 때문이다. 《하루 1시간, 책 쓰기의 힘》의 저자 이혁백 작가는 강연을 통해 행복의 조건에는 돈, 일, 건강, 사랑, 관계의 다섯 가지 영역이 있다고 말했다. 그 중 어느 하나라도 결핍되면 온전한 행복을 누릴 수 없다는 것이다. 돈이 많은 부자라도 병에 걸려 죽음을 눈앞에 두고 있다면 행복할 수 없고, 좋은 직장에 다니고 있어도 마음 터놓고 이야기 할 수 있는 친구가 없다면 외롭고 쓸쓸할 것이다. 그렇기 때문에 진정으로 행복하기 위해서는 우리에게 행복감을 주는 다섯 가지를 골고루 충족시켜야 한다.

우리는 젊기에 더욱 행복할 수 있다. 세계 부호들이 마지막에 원하는 것은 '젊음'이다. 젊음에는 도전할 수 있는 패기가 있고, 실패해도 재기할 수 있는 시간이 있기 때문이다.

30대라서, 혹은 4~50대라서 젊지 않다고 생각하는가. 가수 오승근 씨의 노래 '내 나이가 어때서'를 떠올려보라. 이 노래가 중년 이상 세대에서 선풍적인 인기를 끈 이유는 무엇일까. 바로 나이에 구속되지 않고, 당당하게 '사랑하기 딱 좋은 나이'라고 했기 때문이다. 40대는 30대를 보고, 50대는 40대는 보고 "내가 그 나이였으면 무엇이든 했을 텐데…."라고 말한다. 그러므로 당신의 나이에 제약과 편견을 붙이지 마라. 당신의 지금은 남은 인생 중 가장 젊은 순간이다. 우리는 이미 행복할 조건을 갖추고 있다. 행복해지기 위해 발걸음을 떼기만 하면 된다.

그러나 어떻게 사는 것이 행복한 삶인지 알고 간다면 길을 잃지 않고 행복한 인생의 길을 걸어갈 수 있을 것이다. 행복하게 살기 위해서는 타인을 의식하지 않고, 오롯이 내 인생을 살아야 한다. 타인이 원하는 가면을 쓴 모습의 내가 아닌, 꾸미지 않은 그대로의 내 모습을 찾아 온전한 내 모습대로 사는 것이다.

그렇다면 예전 그대로의 내 모습을 찾기 위해 어떻게 해야 할까. 지금의 내가 변화된 모습인지, 타고난 본성인지 알아내기 위해, 나는 과거와 마주했다. 시계태엽을 거꾸로 돌리며 내가 의미 있다고 인식한 사건들을 되짚어 보았다. 이 과정에서 부정적인 꼬리표를 붙였던 아버지의 기억과 마주했다. 그리고 이를 통해 아버지의 부재로 인한 애정 결핍을 충족하기 위해 썼던 가면을 벗어던지는 것이 가장 나답게 사는 첫걸음이자 가장 중요한 해결 방법이라는 것을 깨달았다.

과거에 발목을 잡히면 미래로 나아갈 수 없다. 내 발목을 잡고 있던 아버지의 죽음은 되돌리고 싶어도 되돌릴 수 있는 일이 아니었다. 그렇다면 어떻게 해야 할까. 과거를 바꿀 수 없으니 생각을 바꾸면 된다. 과거의 일을 부정적으로 받아들이지 않고, 오히려 긍정적인 의미를 찾아보는 것이다. 인식을 달리함으로써 불행한 과거를 불행하지 않은 과거로 바꿀 수 있다. 나는 이 과정을 통해 아버지의 죽음을 아픔과 죄책감으로 인식하지 않게 되었고, 타인으로부터 애정을 갈구하지 않게 되었다. 나는 그 자체로 사랑스럽고 가치 있는 존재다. 남이 나를 사랑해주고, 인정해주지 않아도 내가 나를 사랑하면 된다.

행복하게 살기 위해서는 내가 모든 선택의 기준이 되어야 한다. 우리는 매 선택의 순간 조언을 구한다. 그것이 자신이 내린 선택에 확신을 주거나 조언을 얻는 수준이라면 괜찮은 습관이다. 그러나 무엇을 결정할 때 타인의 조언에만 의지하거나, 그것을 자기 생각인 양 착각해서는 안 된다.

타인의 조언은 진정으로 자신이 원하는 선택지가 아닐 가능성이 높다. 당신에게 선택의 순간이 찾아온다면, 오직 자신을 믿고 선택하자. 내가 무엇을 원하는지 가장 잘 알고 있는 사람은 바로 나 자신이다. 내가 선택의 기준이자 주체가 되었을 때 가장 만족스러운 선택지를 고를 수 있다. 그리고 그렇게 내린 선택이 진정한 행복을 가져다준다.

틸틸과 미틸이 찾아 헤맸던 파랑새가 집에 있었던 것처럼, 나를 진정으로 행복하게 만드는 파랑새는 결국 나에게 있었다. 꾸미지 않은 있는 그대로의 나로 살면서, 나를 가장 행복하게 만드는 일을 하는 것. 그러니까 결국 행복을 주는 파랑새는 바로 나 자신이다. 그러므로 파랑새는 누구에게나 있다. 만약 파랑새가 없다고 느껴진다면, 그것은 당신이 바깥에서 파랑새를 찾느라, 자신이 파랑새라는 사실을 깨닫지 못했기 때문이다.

시선을 내면으로 돌려 당신의 파랑새를 찾아보자. 그리고 그 파랑새의 목소리에 귀를 기울여보라. 그렇다면 당신의 삶도 분명 행복해질 것이다.

당신이 극복해야 할 두려움은 없다

우리는 모두 성공을 꿈꾼다. "호랑이는 죽어서 가죽을 남기고, 사람은 죽어서 이름을 남긴다"라는 말처럼, 세상에 내 이름 석 자를 남기고 죽는 것, 누구에게나 존경받는 삶, 풍부한 재력을 꿈꾸며 산다. 이것이 대부분의 사람이 생각하는 성공이다. 그렇기 때문에 우리는 소위 말하는 성공한 사람처럼 되지 못한 우리의 인생을 남들과 비교하며, 그들의 삶을 부러워한다.

"누구네 아들은 유명한 대학교에 갔다더라. 누구네 딸은 대기업에 취직했다더라. 누구는 의사와 결혼한다더라. 누구는 돈을 많이 벌어서 강남에 좋은 집을 샀다더라" 이런 말에는 또 다른 의미가 담겨있다. "그러니 너도 열심히 공부해서 명문대학교 가야지. 그러니 너도 대기업에 취업해야지. 그러니 너도 좋은 배우자를 만나야지" 하는 의미 말이다. 이런 식의 비교는 통념상 우리가 좋다고 인식하는 것들을 얻으라는 압박으로 이어진다. 오직 성공하기 위해.

그렇다면 그렇지 못한 사람들은 모두 성공하지 못한 사람들인가?

소수에게만 주어지는 명문대학교 입학 자격을 얻지 못한 사람, 대기업에 취업하지 못한 대다수 사람, 몇백억 자산가가 아닌 대다수 사람은 경쟁에서 밀렸으므로 패배자이고, 성공하지 못한 사람들인가? 한 사람의 이야기를 살펴보자.

그는 꽤 괜찮은 연봉에 이름만 들어도 아는 회사에 다녔다. 그런데 오랫동안 무리해서 일하다 보니 건강이 나빠졌다. 해결되지 않은 일을 겨우 해나가랴 정신도 피폐해졌다. 하루하루가 스트레스의 연속이었다. 결국 그는 병에 걸렸다. 의사는 휴식하며 치료받길 권했다. 그는 고민에 빠졌다. 회사를 그만둘까? 만약 그만둔다면 무엇을 해야 할까?

그는 지금 하는 일 외에는 이렇다 할 능력이 없었다. 다른 직종으로 옮길 수 있는 상황이 아니었고, 이미 30대 중반에 들어섰다. 선택지가 많지 않았다. 그나마 공정하다고 하는 공무원 시험이라면, 노력만 한다면 이직을 할 수 있지 않을까. 그래서 그는 회사를 그만두고 공무원 시험을 준비했다. 그러나 결과는 연이은 낙방. 준비 기간이 길어지면서 정신적 스트레스는 더해져 그는 예민해지고 자기 비판적으로 변했다.

모든 것을 포기하고 살던 어느 날. 그는 문득 한 가지를 깨달았다. '내가 하고 싶은 일은 이게 아니었는데, 나는 왜 결정적인 선택의 순간에 주변 상황만 고려한 것일까. 내가 하고 싶었던 일을 하자' 그는 오랫동안 하고 싶었던 꿈을 찾았고, 지금은 그 꿈을 이루기 위해 노력하며 하루를 보내고 있다. 그리고 꿈을 이루기 위해 사는 지금은 더없이 행복하고 만족감을 느낀다.

어떤가. 이 사람의 이야기를 들으니 무슨 생각이 드는가. 결국 공무원 시험에 합격하지 못했으니 실패자인가? 아니면 그의 새로운 도전이 현실에서 도피한 것처럼 보이는가?

세상의 기준은 실패라고 할지 몰라도 그는 어느 때보다 성취하는 인생을 살고 있다. 다른 때처럼 세상의 강요나 기준에 따라 선택하지 않고, 자신이 하고자 하는 일을 시작했으며, 그것을 이루기 위해 노력하고 있기 때문이다. 그는 실패한 것이 아니라 자신의 인생에 커다란 전환점을 맞은 것이다.

성공이란 타인과의 경쟁에서 이기고, 비교 우위에 서는 것이 아니다. 꿈의 크기나 중요도에 상관없이, '자신의 꿈을 이루는 것'이 성공이다. 꿈이 꼭 거창할 필요는 없다. 누군가는 화목한 가정을 꾸리며 사는 것을 꿈꾸고, 누군가는 원하는 것을 하는 삶을 희망한다. 어떤 이는 의사를 꿈꾸겠지만, 다른 어떤 사람은 서점 주인을 꿈꾼다. 어떤 꿈이든 그것을 이루는 그 과정이 바로 성공으로 가는 길이다.

그런 성공으로 가는 길에 실패는 없다. 오직 성공으로 가는 과정만 있을 뿐이다. 만약 당신이 실패하고, 좌절하고, 성공하지 못한 것 같다고 느껴진다면 생각을 바꿔보라.

당신은 지금 실패한 것이 아니라, 오직 꿈을 이루기 위한 길을 걸어가고 있을 뿐이다. 길이 살짝 어긋났다고 목적지에 도달하지 못하는 것은 아니다. 우리는 원하는 목적지, 즉 꿈과 성공을 향해 지름길로 빠르게 가길 희망하지만, 세상에는 빙 둘러 가는 에움길도 있다. 게다가 "지름길이 종종 길이다"라는 옛말도 있지 않은가.

일찍 성공하고 싶은 마음에 지름길을 찾다 보면, 빨리 가고 싶은 생각이 오히려 마음을 불편하게 만들어 종종걸음으로 서두르게 된다. 그렇게 서둘러 도착한 성공의 종착지에서 충만한 행복을 느낄 수 있을까. 함께 걸어온 사람들, 지나온 풍경이 기억날 리 없다.

어떤 길로 도착하든 상관없다. 중간에 포기하지 않고, 목적지에 도달했다면, 결국 도달한 모두가 성공한 사람이다.

2010년 밴쿠버 동계올림픽에서 신기록을 세우며 금메달을 목에 건 피겨 스케이팅의 김연아 선수는 트리플 악셀(점프한 뒤 공중에서 몸을 세 바퀴 반 회전하는 피겨 스케이팅 기술)의 정석이라고 불린다. 그러나 그녀가 스케이트화를 신은 순간부터 트리플 악셀을 할 수 있었던 것은 아니었다. 트리플 악셀을 성공하기 위해 수천 번, 수만 번 허공을 향해 점프했을 것이다. 그리고 한 가지 확실한 것은 절대 포기하지 않았다는 것이다. 목표를 이루기 위해 포기하지 않았던 끈기와 노력의 결과로 트리플 악셀을 성공하게 된 것이다.

전기시대를 열었다고 평가받는 미국의 발명가 토머스 에디슨도 마찬가지다. 그는 백열전구 연구에 매진했지만, 만족스러운 결과를 얻지 못했다. 그러나 그는 포기하지 않고, 노력했다. 그 결과 탄소 필라멘트를 이용한 전구를 개발하면서 백열전구의 대중화에 성공했다.

사람들이 실패를 거듭하면서도 포기하지 않는 에디슨을 어리석다고 생각했을 때, "그동안의 과정은 실패가 아니라 전구가 작동하지 않은 방법을 알게 된 것"이라고 말한 일화는 우리에게 성공을 위해 포기하지 않는 끈기와 실패를 받아들이는 태도가 어떠해야 하는지 알려준다. 그런 그의 끈기와 노력은 결국 빛을 보았고, 그는 누구나 다 아는 세계적인 발명가가 되었다.

'당신의 실패는 꿈을 향해 나아가는 것을 포기하는 순간'이다. 그러므로 지금 당신이 원하는 바를 이루지 못했다고 해서 당신의 인생을 실패로 규정할 필요가 없다. 오직 당신이 그토록 원했던 꿈을 향해 나아가면 그 길이 바로 성공으로 가는 길이요, 그 목적지가 바로 성공이다. 그러니 꿈과 성공을 향해 포기하지 말고, 꾸준히 걸어가라. 그러면 어느덧 당신은 성공이라는 목적지에 도달하게 될 것이다.

그렇다면 우리는 어떤 것을 꿈꾸며 살아야 하는가. 그 꿈은 어떻게 찾을 수 있을까. 만약 당신이 진정으로 원하는 것이 무엇인지 찾았다면, 그것을 인생의 목표로 삼고 살아가길 희망한다. 그것이 자신을 행복하게 만드는 꿈과 함께 온전한 성공의 길로 가는 것이기 때문이다.

나는 지금, 오랫동안 하고 싶어 했던 일을 하고 있다. 어느 날 문득, 인생의 가장 큰 변화의 순간이 찾아왔을 때 나는 예전과 달리 '내가' 기준이 되어 선택했다.

앞으로 무슨 일을 할 지 선택할 갈림길에 섰을 때, 예전처럼 내가 처한 상황, 지인의 조언, 사회적 시선을 고려하지 않고, 오직 '내가 원하는 것이 무엇인지'에 따라 결정한 것이다. 그것이 현실적인지, 실현 가능한지 여부는 고려 대상이 아니었다. 그 결과 나는 예전에 갔던 길과 정반대의 길을 걸어가고 있다. 이를 에릭 시노웨이, 메릴 미도우의 저서 《하워드의 선물》에서는 '전환점'이라고 부른다.

어느 순간, 뜻하지 않게 찾아온 인생의 전환점에서 무엇을 선택할지는 오직 나의 몫이다. 내가 무엇을 기준에 두고 선택하느냐에 따라 인생이 달라진다. 어느 것을 선택하든 미련이 남기 마련이라면, 그 미련을 줄이기 위해서 모든 선택의 기준을 나에게 맞추고, 자신에게 가장 충실한 선택을 해야 한다. 설령 미련과 후회의 순간이 찾아와도 나를 위한 선택이었기에 자책감은 줄어들고, 어려움을 해결하고자 하는 의지는 더욱 강해질 것이다.

지금 작가로서의 인생을 살아가는 내 상황은 예전과 달라진 것이 하나도 없다. 경제적으로 더 나아진 것이 없고, 세상의 시각으로 보면 불안한 미래도 마찬가지다. 그런데 나는 예전처럼 조바심이 나거나, 원하는 것을 얻지 못할까 봐 두렵지 않다. 내가 원하는 것을 한다는 단순하면서도 강력한 동기가 마음을 확고하게 만들기 때문이다.

다시 말하면 나는 꿈을 이루지 못할까 두렵지 않다. 두려운 것은 '꿈을 이룰 수 있을까'가 아니라 '꿈을 향해 발걸음을 내디딜 수 있을까'이다. 그러나 나는 이미 꿈을 향해 발걸음을 옮겼다. 그러니 더는 내가 극복해야 할 두려움은 없다.

겨울이 지나면 반드시 봄이 온다. 설령 지금이 눈보라가 휘몰아치는 한겨울이더라도, 언젠가 우리 인생에도 눈이 녹고, 새싹이 돋아나는 따스한 봄이 올 것이다.

꿈과 함께 살아가기 위한 용기

우리는 저마다 아픔을 가지고 있다. 나 역시 마찬가지였다. 세상 모든 시련이 나에게만 찾아오는 것 같았고, 과연 신이 내가 감당할 수 있는 시련만 주시는 게 맞는지 원망하고 또 원망했다. 마음 터놓고 의지할 곳이 없어서 혼자 마음속으로 고민하며 매일 밤 울고 고통스러워했다. '이 고통에서 벗어날 수 있다면, 이제 그만 생을 마감하고 싶다'는 생각을 한 적도 있었다.

그러나 지금은 상처 가득했던 과거와 결별했다. 그리고 180° 변화한 사람처럼 예전과는 다른 모습으로 살고 있다. 내 삶의 긍정적인 변화는 꿈과 함께 살아가기로 마음먹으면서 시작됐다. 마음의 소리에 귀 기울이지 않고 살았을 때 힘겨운 시간을 보낸 것과 달리 글을 쓰기 시작하면서 고통이 사라졌고, 긍정적인 변화가 찾아왔다. 지금은 이런 변화를 소중히 여기며, 더욱 행복한 인생을 살기 위해 노력하고 있다.

내가 꿈과 함께 살기로 하고, 당신 또한 그렇게 살기를 바라는 이유는 명확하다. 그것이 참된 행복을 얻는 방법임을 경험을 통해 깨달았기 때문이다.

나는 두 번의 이직 과정에서 내가 하고 싶었던 일을 포기하고, 관심도 없었던 일을 어쩔 수 없이 선택했다. 취업이 늦어지면 안 된다는 걱정과 돈을 벌어야 한다는 부담감이 나를 원치 않았던 길로 안내했다.

그렇게 시작한 직장 생활이 불행했던 것만은 아니었다. 매달 통장에 들어오는 월급으로 부족함 없이 지냈고, 여행을 다니며 여가생활을 즐겼다. 그러나 그런 행복은 오래 가지 않았다. 반복되는 업무에 권태기가 찾아왔다. 그런데도 돈을 벌어야 한다는 생각에 억지로 일터에 나갔다. 하기 싫은 일을 의무감으로 하자니, 업무 효율이 오르지 않았다.

예전 같지 않은 업무 태도가 마음에 들지 않았는지 상사는 일해도 해결되지 않는 상황이 와도 이해해주지 않았다. 그러나 그때도 최선을 다해 일했다. 다만 일을 통해 얻는 행복이 턱없이 작아서 점점 더 불행해졌다.

그 무렵에는 무의미한 것으로 느껴지는 일들을 겨우 해나가면서 기쁨과 성취감, 행복을 느끼지 못한 채 살고 있었다. 존재 이유를 확인하기 위해 가족과 친구들에게 사랑받기를 원했고, 행복해 보이기 위해 명품가방을 어깨에 걸치며 사치스러운 소비를 일삼았다. 그런데도 채워지지 않은 공허함과 끝도 없이 무너지는 자존감에 세상의 낙오자가 된 것처럼 나를 바라보았다. 인생의 가치가 무엇인지 찾을 의지가 없었고, 목표를 향해 나아갈 의욕도 없었다. 그야말로 벼랑 끝에 내몰린 기분이었다. 그런데 그 순간 실낱같은 희망이 손을 뻗어왔다. 그 희망의 손길은 바로 글쓰기였다. 그리고 나는 오랫동안 간직해온 작가라는 꿈을 이루기 위해 한 발자국 내디뎠다. 그 한 발자국의 가치는 처음으로 달에 발자국을 남긴 닐 암스트롱의 그것과 가히 견줄 만한 것이었다.

글을 쓰기 시작하면서 예전의 내게서 가능하리라고 생각하지 못했던 변화가 시작되었다. 그것은 미지의 세계를 탐험하는 것 같은, 마법 같으면서도 기쁘고 새로운 변화였다.

먼저 글을 씀으로써 나는 삶의 목표와 의지를 찾았다. 마른 장작에 불이 붙듯 삶에 대한 열정이 빠르게 타올랐다. 글을 씀으로써 이루고 싶은 목표가 생겼고, 그것을 달성하고자 하는 욕망이 차올랐다. 무엇이든 오래 앉아서 하지 못하고, 귀찮아하는 성격이 180° 변했다. 앉은 자리에서 몇 시간이고 시간 가는 줄 모르고 글을 쓰는 것이 행복했다.

그리고 글을 쓰면서 활력이 생겼다. 글을 쓰는데 필요한 것들을 배우고자 하는 의욕이 생겼고, 보다 집중력 있게 글을 쓰기 위해 필요한 것들을 고민하고 스스로 행동했다. 글을 쓰기 위한 체력을 키우기 위해 운동을 시작했고, 그렇게 시작한 운동 덕분에 나는 예전보다 건강하게 생활하며 글 쓰는 것에 더욱 집중하게 되었다.

마음도 여유로워졌다. 내가 원하는 일, 좋아하는 일을 했기 때문에 바쁜 하루가 오히려 행복하고 감사했다. 누군가가 시켜서 일하던 때를 생각해보면, 의욕이 생기지 않고 '내가 왜 이런 일을 해야 하지?'라는 의문에 효율도 오르지 않았다. 그런데 원하는 일을 하게 되니 감사하고 즐거운 마음으로 임한다. 그러니 성과가 나지 않아도 스트레스를 받지 않는다. 성과가 안 나면 기꺼이 더 많은 시간과 노력을 투자하게 되는 것이다. 스트레스를 받을 일이 없으니 마음이 편해지고, 생각과 말이 부드러워졌다.

글쓰기로 시작된 작은 변화가 꼬리에 꼬리를 물며 긍정의 연쇄효과를 낳았다. 이로 인해 방향을 잃고 타인을 향했던 원망의 화살이 사라졌고, 물질적인 것으로 공허함을 채우던 습관도 없어졌다.

나는 세상을 향해서 하고 싶은 이야기가 많다. 내 생각을 가장 효율적으로 전하는 방식인 글쓰기를 통해 앞으로도 세상에 메시지를 전달하며 살 것이다. 그리고 그 메시지를 통해 사람들이 온전한 자신의 모습으로 살 수 있도록, 인간이 더욱 행복하게 살 수 있도록, 더 나아가 세상에 사랑과 행복의 에너지가 가득 차도록 만들고 싶다.

지금, 세상에 홀로 남은 것 같은 고독감을 가지고, 어디선가 구원의 손길이 나타나길 기다리고 있는 사람들에게 내 경험을 전달하고 싶다. 나를 괴롭혔던 고통스러운 과거를 극복한 경험을 공유함으로써 나처럼 힘든 시기를 겪고 있는 사람들에게 위로를 건네고, 고통에서 벗어날 수 있도록 도와주고 싶다.

또한 시작을 두려워하고 있는 사람들에게 한 걸음 나아갈 수 있는 용기를 주고, 자신의 길을 찾지 못해 고민하는 사람들이 길을 찾을 수 있도록 도와주고 싶다. 그래서 현실에 고통 받고, 방황하는 모두에게 우리 인생이 얼마나 소중한 것인지, 당신의 꿈이 얼마나 가치 있고, 앞으로 펼쳐질 미래가 얼마나 아름다운 것인지 알 수 있도록 하고 싶다.

내 이야기를 통해 많은 사람이 꿈과 함께, 행복하게 살아가기를. 이것이 글을 통해 이루고 싶은 궁극적인 나의 꿈이다.

결국 글쓰기는 내게 꿋꿋하게 인생을 살게 해주는 든든한 버팀목이자, 행복하고 성공한 인생을 살게 하는 좋은 수단이었다. 글을 쓰기 시작함으로써 일어난 나의 긍정적인 변화가 너무나 기쁘다. 그러니 이 글을 읽는 당신도 당신의 꿈을 찾고 그 꿈과 함께 살아가면서 삶의 변화가 주는 이런 기쁨을 누리길 바란다.

물론 나처럼 글을 쓰라는 말은 아니다. 나는 그 어떤 방법보다 편하고 수월하게 내 생각을 전달할 수 있는 수단이라고 판단했기 때문에 글쓰기를 선택했다. 당신이 그림으로 생각을 나타내는 것이 편하다면, 혹은 몸짓으로 마음을 드러내고 싶다면, 어느 것을 선택하든 상관없다. 오직 당신이 편하다고 느끼는 수단을 찾아 당신의 생각을 전하면 된다.

무엇을 통해 나의 꿈을 이룰 것인가, 혹은 나의 꿈이 무엇인지 고민이 된다면, 내가 그랬던 것처럼, 힘을 들이지 않아도 당신을 움직이게 만드는 일을 찾길 바란다. 당신이 어렸을 때부터 좋아했던 일,

혹은 성과 여부와 상관없이 그것을 하는 것만으로도 행복감을 느꼈던 일, 그 일을 통해 이루고 싶은 목표가 생기는 일, 그것이 바로 당신이 오랫동안 마음속에 간직해왔던, 당신이 그토록 하고 싶어 했던 꿈이다.

그것이 무엇인지 찾았다면, 그 일을 통해 당신이 궁극적으로 이루고자 하는 바를 정하라. 당신이 궁극적으로 이루고 싶은 꿈이 무엇인지 확실하게 알았다면 그 꿈을 향해 나아가면 된다. 그렇게 한 걸음 내딛으면서 시작한 긍정적인 변화가 자연스럽게 당신의 인생을 바꿀 것이다.

부디 꿈과 함께 살아가면서, 자연스럽게 당신에게 일어나는 긍정의 변화를 느끼며, 행복을 만끽하며 살아가시길.

클로드 모네, <해돋이>, 1872년작

너무 완벽해지려고 하지 마세요

작가 해안

마음을 마음으로 나누는 작가, 해안

혼자여서 외로웠던 순간마다, 책 속에 문장들이 그녀를 위로했다. "철학이 아무리 현명하다고 해도 사랑보다 현명할 수 없고, 권력이 아무리 강하다고 해도 진실된 사랑보다 세지는 않다." 라는 오스카 와일드의 말처럼, 사람들로부터 받았던 상처를 바탕으로 그녀의 자녀를 보다 많은 사랑과 이해로 키울 수 있었고 아픈 이들의 마음을 헤아려 줄 수 있는 어른으로 성장할 수 있었다. 여전히 상처받고 있는 그녀이지만, 사람이든 일이든 인연에 따라 그녀 앞에 놓인 모든 것을 사랑하고 있다.

'가장 소중한 교훈은 가장 어려운 시기에 얻어지는 법'이라고 말하는 그녀는, 자신에게 오는 고통과 고난을 손님처럼 받아들인다면 성숙한 인격으로 성장해가는 데 큰 밑거름이 될 수 있다고 이 책을 통해 말한다. 오늘도 그녀는 불행과 행복, 이 모든 것을 감사히 받아들이며 불행을 행운으로 뒤바꿀 수 있는 마법사의 손길로 세상을 쓰다듬고 있다.

父母_ 너를 사랑해서 그런 거란다

나는 항상 혼자였다. 어릴 때부터 쭉 그래 왔다. 맞벌이 하는 엄마 아빠 대신 집에서 일하는 언니들과 생활 했다. 그리고 그 언니들로부터 나는 학대를 당했다. 그리고 모함까지.

내 나이 6살이던 유치원생일 때 나의 모습은 항상 징징거렸던 아이로 기억 된다. 큰 집에 혼자 있던 나는 심심하고 사랑을 받지 못한 결핍감이 있었는지 항상 울고 짜증을 부렸던 것 같다. 일하는 언니들은 가난한 시골에서 올라온 어린 소녀들이었다. 아이도 안 키워 본 그녀들도 아직 어린 나이에 남의 집에 와서 식모살이를 했으니 나름대로 힘겨웠을 게다. 사춘기를 겪었을 법한 나이의 일하는 언니들은 아직 채 어린 나에게 온갖 안 좋은 것을 보여주며 나쁜 짓을 시켰다. 자신의 성기를 보여 주고 나의 성기를 만지게 하였으며 외할머니와 외할아버지의 성교 장면을 잠자고 있는 어린 나를 깨워 보게 하였다. 어린 게 혼자서 그런 황당한 일들을 겪으며 스트레스가 많았는지, 아니면 사랑을 못 받아서 그랬는지 항상 투정이 많았다.

그런 나를 일하는 언니가 어느 날 번쩍 안아 올렸다. 잠깐이었지만 그 품이 얼마나 따스했던지. 울고 있는 나를 안아주는 언니의 품에서 울음을 뚝 그쳤는데, 자신의 가슴팍 높이로 나를 들어 올렸던 언니는 그대로 나를 방바닥에 내리 꽂았다. 그리고 또 얼마나 울었는지. 아파서 운 게 아니었다. 너무 놀랐다. 배신감 같은 거였다. 자지러지게 우는 나를 두고 일하는 언니는 협박으로 내 입을 막았다. 엄마한테 이르면 너 죽여 버릴 거라고. 속에서 울음을 꾹꾹 눌러 내리니 "끄윽" 하며 가슴에서 울음이 나왔다. 내 나이 6살에 삼키는 울음을 배웠다.

장사를 하고 밤늦게 들어오던 부모님은 나의 투정을 받아줄 여유가 없었다. 그리고 그런 부모님을 기다리다 지쳐 항상 먼저 잠이 들었기에 부모님의 얼굴을 볼 수도 없었고 나의 이야기를 할 수도 없었다. 그런 틈을 타 일하는 언니는 귀가하시는 부모님에게 나의 험담을 하였다. 내가 하지도 않은 일까지 나에게 누명을 씌우며 나를 나쁜 아이로 만들었다. 그리고 나는 또 엄마한테 야단을 맞는…. 내가 아니라고 해도 엄마는 나의 말을 믿어 주지 않았다. 억울하니 화를 낼 수밖에 없었고, 집안에서 받은 화를 밖으로 풀어내니 매일 싸울 수밖에…. 일하는 언니와 그렇게 매일 싸웠고 나는 매일 나쁜 아이가 되었다. 그렇게 나는 억울했고 서러웠다.

보통 이상의 예민한 성향을 타고난 나는 외로움을 무척 타고 사랑을 받기 원했으나 그 누구도 사랑해주지 않았다. 그래서 책을 파고들기 시작했다. 책에서는 내가 듣고 싶은 말을 해주었고, 현실을 잊게 해주는 아름다운 이야기들로 가득 차 있었다. 책에서는 그랬다. 진실한 사랑을 하면 행복해진다고. "개구리가 왕자로 변하고, 야수가 왕자로 변해서 그래서 그 둘은 행복했답니다."라고 끝나는. 그래서 나도 진실한 사랑을 해야지 하고 다짐했다. 멋진 나의 왕자님을 기다리며 나의 순결을 지켰고, 책을 읽고 공부를 하며 폭넓은 지식을 쌓았고, 사람을 사랑하는 아름다운 마음으로 성장해갔다. 물론 외모도 가꾸었다. 동화 속 공주는 아름다운 외모에 연약한 동물들마저 사랑하는 예쁜 마음을 가졌기에. 그래서 훌륭한 왕자를 만났기에.

21살 때부터 맞선을 보기 시작한 나는 그 어린 나이에 결혼에 대해 갈등을 시작했다. 결혼의 대상은 물론 경제력이 좋은 집안이었다. 엄마 자신이 돈을 좋아했으니까. 아니, 우리 아빠도 돈을 좋아했다. 그래서 나를 그런 집안에 보내려고 한 것이었다. 엄마는 만나기 싫어하는 그 동갑내기인 남자애를 억지로 만나라고 하였고, 하다못해 친구들과 여행을 가는 나에게 그 남자애랑 함께 다녀오라고까지 하였다. 그 말을 듣고 나는 어떻게 그럴 수가 있냐며, 어떻게 엄마라는 사람이 딸한테 그렇게 말할 수가 있냐며 분통을 터뜨렸다.

이렇게 화를 내는 모습은 항상 있어 왔다. 그래서 우리 식구들은 속사정도 잘 알지 못하는 상태에서 화만 내는 성격 더러운 언니라는 인식이 박혀 있게 되었다.

그러나 어린 나이였던 나는 어른이 하는 말이라면 다 내게 좋은 것이겠거니 생각하고 결국은 순종하기로 했다. 약혼 날을 잡으려 처음으로 상견례를 하려고 만난 자리. 아빠는 남편감을 보시곤 갑자기 결혼에 반대했다. 그래서 그 결혼은 깨졌다. 이유는 신랑감이 너무 말랐다는 이유였다. 마른 남자는 몸이 약해서 내가 힘들 거라고. 그리고 엄마는 아빠한테 야단을 맞았다. 왜 이런 남자와 결혼 시키려고 했냐고….

나중에 들은 이야기지만 그날은 두 집안 모두 다 아침부터 불길한 신호가 있었다고 한다. 그 결혼은 이미 성립되어진 것과 마찬가지였는데, 상견례를 하는 날 아침 우리 집에선 밥을 푸다가 나무로 된 밥주걱이 부러졌고, 그 집 아버지는 가죽으로 된 벨트가 끊어 졌었다고 한다. 그리고 나중에 엄마가 하는 말,

"내가 뭐에 씌었었나 보다. 이제야 사실이 제대로 보인다. 너랑 결혼시키려고 돌아가신 그 애 엄마가 나한테 씌인 것 같아."

내가 그동안 그렇게 그 애랑 결혼 하면 안 되는 이유를 누누이 호소해 왔건만…. 그러나 이후로도 엄마는 내 말을 조금도 들으려 하지 않고 줄 달린 마리오네트 인형처럼 나의 팔과 다리를 자기 마음대로 찢고 구부리며 나의 인생을 좌지우지 하려 했다.

김치와 더불어 국과 밥이 올려져 있는 밥상을 머리부터 뒤집어썼다. 그날은 웬일로 밥 먹으러 나오라고 식탁으로 부르지 않고 방 안에 있는 나에게 밥상을 차려 와 내 앞에 대령했다. 평소에는 보통 밥을 잘 먹지 않는 편이었기 때문에 밥 먹으러 오라고 해도 안 먹는다

고 하면 그걸로 끝이었다. 그런데 그날은 엄마가 직접 작은 소반에 밥상을 차려온 것이다. 검은 미소를 띠우며 맞선자리가 나왔으니 선 보러 나가보라고 한다. 그래서 나는,

"엄마, 내 친구들은 공부하러 유학 가는데, 나도 유학 가서 공부 하고 싶어. 교수님이 교수 시켜 준다고 했어. 나 성공하고 싶어. 커리어 우먼이 되고 싶어. 엄마처럼 살기 싫어."

그 말을 마치고 난 밥상을 머리부터 뒤집어썼다. 엄마가 밥상을 나에게 뒤집어씌운 것이다.

"내가 뭐 어때서 그러냐?!"

엄마는 내게 불같이 화를 내고 아빠한테 고자질을 하였다. 추운 겨울 냉기가 가득한 욕실에서 김치 국물로 빨갛게 물든 나의 얼굴을 씻어 내고 자잘한 멸치들이 들러붙은 나의 머리카락을 훑어 내리며 가슴 저 밑바닥에서 올라오는 설움과 분노를 삼키며 흐느꼈다.

샤워를 마치고 무릎을 꿇고 아빠 앞에 앉았다. 엄마가 나에게 밥상을 엎은 상황까지 사정을 이야기 하니 아빠는 아무 말씀을 못했다.

그 후에도 계속되어 지는 맞선 자리. 옷을 좋아하는 나는 맞선을 핑계로 옷을 사달라고 하였다. 아주 비싼 걸로. 그렇게 엄마와 나는 거래를 하였다. 엄마는 딸로 인해 어깨가 올라갔다. 맞선 시장에서 한 번도 퇴짜를 맞아 본 적 없는 인기 있는 딸의 엄마였으니, 대리만

족이었다. 그렇게 남편의 내조만을 강요하는 나의 미래에 지금의 내 인생은 없어졌다.

그래서였을까? 뒤늦은 사춘기가 시작되었다. 아빠한테는 무서워 대들지 못하고 엄마한테만 대들었다. 그렇게 결혼, 결혼 할 거면 나 공부 안 한다고. 어차피 결혼하면 이깟 공부 다 필요 없고 밥하고 빨래하고 청소만 잘 하면 될 거 아니냐고. 엄마한테 받은 교육이란 건 "남편이 잠자리 요구하면 해줘야 네 용돈 받아쓴다!"가 고작이라고.

'엄마 말대로라면 섹스를 해야만 남편에게 용돈을 받는다니, 이건 뭐 창녀나 다름이 없네. 여자의 인격이라고는 전혀 없는 게 결혼 생활이구나!'

그때부터였던 것 같다. 내 힘으로 돈을 벌고 싶었고, 결혼 같은 건 하기 싫었다.

그래서 그때부터 반항하기 시작했다. 클럽을 다니며 보란 듯이 늦게 집에 들어갔다. 무서운 아빠한테 야단맞을 걸 알면서도 나는 일부러 어깃장을 놓았다. 담배도 피웠고, 독한 양주를 마시고 집에 돌아와 안방 앞에다 구토를 쏟아 놓았다. 그런 나를 어린 동생들은 이해하지 못했다. 큰언니는 항상 문제아였다. 나 때문에 집안이 항상 시끄러웠으니 싫었을 게다. 무서운 아빠 때문에 집안에서 숨소리도 못 내고 살았는데 언니가 항상 말썽을 일으켜 집안을 공포의 도가니로 몰아넣었으니….

그럼에도 불구하고 맞선 자리에서 본 한 시간의 만남으로 나의 결혼 날짜가 잡혔다. 얼굴도 기억 안 나는 남자와 한 이불을 덮고 살아야 한다는 사실이 너무 끔찍했다. 내가 본 결혼은 불행한 것들뿐이었다. 가장 가까운 친구의 결혼도 남편의 구타로 끝이 났었고…. 그때까지도 내가 살고 싶은 인생에 대해서 호소를 했지만, 그 어느 누구도 나의 말을 들어주는 사람은 없었다. 더 이상은 이 집에서 살 수 없었다. 그래서 야반도주를 하였다. 그리고 내 부모에게 복수하고 싶었다. 나를 철저하게 망가트려서 내 부모의 가슴에 상처를 내고 후회의 피눈물을 흘리게 하고 싶었다. 내가 집을 나갔다는 소식을 듣고 평생 말 한마디 않던 나의 아빠가 안방을 데굴데굴 구르며 괴성을 지르며 괴로워했다는 얘기를 들었다. 쌤통이었다. 내가 아빠를 이겼다.

영화 「알라딘」을 보게 됐다. 자스민 공주의 인생이 나와 비슷하다는 생각을 했다. 물론 내가 공주는 아니지만, 자스민 공주의 결혼을 아버지인 왕의 결정대로 해야만 하는 상황이 비슷하게 다가왔다. 그래도 영화에서는 '스피치리스'라는 노래를 부르며 왕인 아버지에게 반항을 하였지만 나의 경우는 달랐다. 내 인생은 영화가 아니었기에….

왕이었던 아버지가 자신의 딸인 자스민 공주에게 이렇게 말했다.

"이 모든 게 다 너를 사랑해서 그런 거란다."

이 흔하디흔한 대사 한 마디에 나는 그 하루를 지금은 돌아가시고 안 계신 아빠의 사랑에 미안해하며 통곡을 하였다. 나의 아빠는 영화에서처럼 딸에게 다정하게 대해주고 이해해 주는 아빠는 아니었지만, 영화를 통해 늦게나마 딸에 대한 아빠의 사랑을 느끼게 된 것이다. 그때 알아보지 못해 죄송했다.

夫_ 남편은 나를 사랑했었다

오고 갈 데가 없고 마음 편히 쉴 곳이 없던 나는 죽고 싶었다. 결혼은 하기 싫고, 결혼을 안 하고 집에 있으면서 눈치 보고 사는 건 더더욱 힘들었다. 그때 지금의 남편이 있었다. 지금 생각해보면 인연이었다. 그리고 운명이었다. 절대로 만나려야 만날 수 없는 환경의 두 남녀가 만나서 결혼을 하고 아이를 낳았다는 건 운명인 것이다.

남편은 찢어지게 가난한 집안의 장남이었다. 그래서 그 가난으로 인해 제대로 된 교육을 받지 못했었다. 그리고, 그 원망으로 불량한 어른으로 성장 하였다. 세상에 대한 원망으로 가득 찬 그해에 그는 행운의 여신처럼 나를 만난 것이다. 그동안 남편이 접해 보지도 못한 생활을 한 부잣집 여자가(이건 순전히 남편의 기준이다) 더더군다나 모든 면에서 순결한, 지금껏 만나보지 못한 여자를 만난 것이다.

그때 남편은 동거 중이던 여자가 있었다. 그럼에도 그 사실을 속이고, 아니 전부 다 속이고 나를 만났다. 연애 경험도 없고 세상의 나쁜 경험을 하지 못했던 온실 속 화초였던 나는 현실 도피로 남편을 심심풀이 상대로 만났었다. 나의 힘든 상황을 그저 묵묵히 들어 주었던 불량한 외모의 남자. 데이트 내내 나는 그 사람의 이야기는 들어 보지 못했다. 그저 내 이야기만 했다. 그래서 남편의 상황을 전혀 몰랐다. 자신의 이야기라곤 창피하고 숨기고 싶은 이야기뿐이니 나에게 일절 이야기하지 않았던 것이다. 여지껏 누구에게도 내 이야기를 하지 않았던 나는 그런 이야기를 들어주는 남편이 고맙고 의지하고 싶었다. 그래서 선을 본 지 한 시간 만에 결혼 날을 잡았다는 엄마의 말을 듣고, 그날 밤 남편과 야반도주를 하였다. 멀리멀리, 나의 가족으로부터 멀리멀리 떠났다.

가난했던 남편은 누구의 도움도 없이 나와 살 방을 마련하려고 카드깡 300만 원을 받아 방을 구했다. 빛이 전혀 들지 않는 깜깜한 굴속과 같은 방. 처음 보았다. 그런 집이 있으리라고는 전혀 몰랐다. 이미 순결을 잃은 몸. 어린 시절 내내 들었던 부모의 교육은 순결을 잃으면 소박 당한다. 그래서 나는 자포자기 심정으로 남편과 함께 신혼 아닌 신혼살림을 시작했다. 작은 방 한 칸이지만 마음만은 너무 편했다. 처음으로 밥도 짓고 김치도 담궈 보았다. 그렇게 소꿉놀이 같은 생활을 즐겁게 하였다.

피임은 하였다. 이 남자의 아이를 갖기는 싫었다. 믿음이 안 갔다. 그러기를 3년, 이제는 이 남자와 살 수밖에 없다는 생각이 들었다. 남자와 동거를 3년이나 한 여자를 누가 받아줄까 하는 마음이 일었다. 그리고 임신을 하였다.

임신 7개월에 꿈을 꾸었다. 남편이 다른 여자와 바람을 피우는 장면을…. 개꿈이 아니었다. 나는 어릴 때부터 꿈이 잘 맞는 편이었다. 대부분이 곧이곧대로 꿈 내용과 현실이 맞아떨어졌기에 이 꿈을 그냥 지나칠 수가 없었다. 그런데 무슨 증거가 있어야 믿지….

그러다 얼마 안 있어 우연히 남편의 휴대폰을 보게 되었고, 남편이 나의 절친과 연애 중이라는 걸 알게 됐다. 그 사실을 알게 된 나는 임신한 배를 끌어안고 쓰러졌다. 응급실을 가자는 남편의 팔을 매섭게 뿌리쳤다. 책에서는 분명 말했다. 왕처럼 대해주면 왕비 대접을 받는다고. 그런데 아니었다. 왕처럼 대접해주니 나를 시녀 취급 했다. 헌신 했더니 헌신짝 취급을 했다. 이런 나를 보며 또 다른 내 친구는 헤어지라고 했다. 아이 하나는 혼자서도 키우며 살아갈 수 있으니 헤어지라고, 그러나 나를 받아줄 친정은 없었다.

나는 다시 뱃속의 아이를 생각해서 얼른 마음의 평정을 유지 했다. 그리고 남편을 사랑하는 마음으로 돌렸다. 실수라 믿으며 남편이 반성을 하고 뉘우치리라 생각했다. 남편을 사랑했기에 그렇게 믿고 싶었다.

그렇게 나는 큰아이를 낳았다. 너무나 이쁜 나의 아이를 키우며 행복해했다. 그로부터 2년이 지났다. 둘째 아이를 임신하고 큰아이가 2살 되던 해에 큰아이가 후두염으로 병원에 입원을 하게 됐다. 그동안 나의 온 관심은 아이에게로 집중돼 있었다. 오로지 내 아이가 행복하고 건강하게만 자라기를 기도하며 생활했다. 그러다 큰아이가 병원에 입원하면서 남편과 가까이 있게 되었다. 그리고 또 남편의 핸드폰을 우연히 보게 되었다. 남편이 내 절친과 아직도 만남을 유지 해오고 있다는 것을 알았다.

이번이 두 번째라 첫 번째만큼 충격이 오지는 않았다. 아니, 세 번째였구나. 동거녀와 한번, 내 절친과 두 번…. 사람의 탈을 쓰고 어찌 저럴 수 있는지 기가 찼다. 못난 자기 하나만을 보고 모든 것을 버리고 온 여자한테 가난한 살림을 일으키고 아이를 키우며 가정에 헌신한 여자한테 어찌 이럴 수 있는지. 세상 어느 누구도 믿어주지 않았던 자신을 믿어준 단 한 명의 사람인데, 심지어 자기 가족, 자기 엄마조차도 믿어주지 않은 자신을 사랑하고 믿어 준 여자인데…. 어이가 없었고, 사람을 알아보지 못한 나의 무지함에 분노가 일었다.

그러나 나는 아이의 엄마였다. 내가 낳은 자식은 내가 책임져야 했다. 나처럼 부모를 원망하면서 성장기를 보내게 하고 싶지 않았다.

그 후로도 끊임없는 남편의 외도. 어떻게 이럴 수 있냐는 나의 말에 "그러면 안 살면 될 거 아니야" 하고 되받아치는 남편. 친정이 나를 무시하니 남편 역시 나를 무시하고 함부로 대했다. 시댁의 무시와 남편의 무시로 나의 자존감은 바닥을 쳤다. 나름 대기업에서 나의 실력을 인정받았던 나였지만, 가족들의 무시로 더 이상 갈 곳이 없었고 책으로 다시 돌아갔다. 책에서 나는 위로를 받았고 희망을 품었다. 오로지 내 아이만을 생각하며 웃으려 노력하며 지냈다. 아무것도 모르는 내 아이들은 엄마의 웃음을 보고 따라 웃었다.

남편의 두 집 살림. 그래도 좋았다. 나만 건들지 않으면 족했다. 가정만 지키면 나는 더 바랄 것이 없었다. 그런데 이 여자 저 여자와 섞은 몸을 가지고 들어와 그 더러운 몸을 나의 몸에 섞어 놓으려고 했다. 나를 사랑하지 않을 수는 있다. 영원한 게 어디 있으랴! 하지만 아이들이 있다. 아이들을 사랑 한다면 몸을 그렇게 더럽히면 안 되는 거였다.

남편은 나와 있을 때와 다른 사람이 있을 때가 천지 차이로 달랐다. 밖에서는 나를 너무나 사랑한다고 떠들고 다녔다. 그리고 주말부부였던 남편은 집에서는 집안일은커녕 단 한 번도 아이들을 챙기지 않는 사람이었다. 그런데 집밖에서는 무릎을 꿇고 아이 운동화 끈을 묶어주는 자상한 아빠의 모습을 보였다. 그런 이중성에 나는 치를 떨 수밖에 없었다.

밖에서는 이런 자상한 남편을 두고 매사에 불만이 많은 나쁜 아내가 되었다. 죽고 싶었다. 죽으려고 했다. 그러나 아이들이 눈에 밟혔다. 내가 없으면 내 아이들은 천덕꾸러기가 될 게 뻔했다. 참고 살려고 했다. 그러나 결국 이혼을 결정 했다. 내가 죽을 것만 같았다. 죽지 못하면 정신 착란이 올 것 같았다. 그렇게 되면 정말 이 세상은 나를 받아주지 않을 것이고 나는 정말로 혼자가 되어 더 정신이 미쳐갈 것만 같았다. 정신이 온전하지 않는 엄마를 내 아이들이 이해를 할까? 그리고 정신이 온전치 않은 나를 두고 남편은 얼마나 거짓으로 포장을 하며 진실을 묻어 버릴지 상상이 갔다. 아이들까지 이용하는 남편과 더는 함께 할 수 없었다. 이혼 해 달라고 울며 사정을 했다. 남편은 결국 이혼 도장을 찍어 주었다. 법정 앞에서 눈시울이 붉어지는 남편을 보았다. 이혼 사유는 '성격 차이'. 외도라고는 기록 하지 않았다. 그래도 아이들의 아빠였기에, 다른 여자 만나서 결혼 하는데 지장을 주고 싶지 않았다.

남편은 알고 있었다. 내가 아이 둘을 데리고 혼자 살기는 어려울 것이라는 걸. 전세의 반을 내놓지 않으면 이 집에서 안 나갈 거라며 어깃장을 놓았다. 내가 사들인 생필품을 축 내고, 집안을 어지럽히는 남편의 가래침이 들러붙은 세면대를 닦으며 이혼 후에도 같이 살았다. 그러면 어떠하리! 덕분에 아이들은 이혼을 눈치 채지 못하니, 그거면 됐지 않은가.

아이들이 어렸고, 나의 몸은 너무 약했다. 과로로 찾아간 병원의사는 안쓰러운 눈으로 나를 보며 말했다.

"일하시면 안 돼요. 쉬셔야 해요."

"...일해야 해요."

"그러면 제가 주사를 놓아 드릴게요. 그런데 효과가 오래가지는 않을 거예요."

상황이 이렇게 되고, 남편이 큰 아이를 맡게 되면서 아직 어린 나의 아이들이 엄마 사랑을 충분히 받지 못하게 되자 방황하고 정서불안이 되어갔다.

'그래! 다시 한번 시작해보자. 한번 잘못 한 걸 알았으니 또 다시 그런 잘못은 안 하겠지. 남편도 가정의 소중함을 알았다고 했으니 또다시 그런 바보 같은 행동은 안 하겠지.'

그래서 다시 재결합을 하였다. 그런데 혼자 살기가 힘든 걸 알고 재결합 한 나에게 남편은 그야말로 안하무인 격으로 이전보다 더 나를 함부로 대했다. "네가 나 아니면 어디 가서 살 수 있냐!"라는 말과 함께.

재결합 후의 생활은 노예가 따로 없었다. 밤에는 잠자리 상대를 해주어야 했고, 맛있는 음식과 쾌적한 집안 환경을 제공해야 했다. 그러면서도 교회에서는 신앙심 좋은 가정적인 남편, 아름다운 부인을 둔 성공한 사업가로 내비쳤다. 이런 이중적인 남편의 모습에 나는 이제 내 자식 조차 눈에 보이지 않았다.

아이들까지 자기 자신만 생각하는 이기적인 인간으로 성장해 가는 것 같았다. 엄마는 안중에도 없었다. 강아지를 그렇게 귀여워하면서도 한번을 산책을 시켜주지 않는 아이들의 모습에서 남편의 모습이 겹쳤다. 나와 아이들을 집에 두고 밖으로 즐거운 외출을 하는 남편의 모습이….

남편은 나를 사랑하지 않는 거라 생각했다. 자기 자식마저도.

그런데 최근에 어느 모임에서 어떤 남자들을 만나게 되었다. 그곳에서 내 평생 들어보지 못한 험한 소리를 듣게 되었다. 그 모임을 계기로 깨닫게 되었다. 남편이 그래도 나를 사랑했던 거였구나. 살면서 나는 남편에게서 그런 험한 소리는 들어 보지 못했었다. 단지, 남편과 나는 사랑을 표현하는 사랑의 언어가 달랐던 것이다. 남편은 사랑을 섹스로 표현했던 것이고 나의 사랑의 언어는 공감과 위로였던 것이다.

子女_ 나의 사랑하는 아이들

"엄마, 자식보다 이쁜 보석이 있을까? 봐도 봐도 질리지 않아. 너무 이뻐."

친정엄마에게 한 말이었다. 내가 아이를 이렇게 이뻐하리라곤 상상조차 못했다. 막상 아이를 낳고 보니 누가 훔쳐 갈까, 누가 뺏어갈까 애지중지 하며 싸매고 키웠다. 피부가 하얀 나의 큰아들은 너무나 순했다. 성격이 온순하여 큰소리 한번을 내지 않고 키웠다.

그리고 귀엽고 명랑한 내 둘째 아이. 두 번째 임신이라 그랬는지 나팔관에 착상이 되는 것을 나는 알았다. 의사한테 말하니 그걸 느낌으로 알 수는 없다고 한다. 하지만 나는 알았다. 임신이라는 걸. 산부인과에 가서 초음파 검사를 했다. 둘째 아이의 심장 소리를 들으며 기쁨의 눈물을 흘렸다. 감정이 복받쳐 올라 왔다.

"거봐요 제가 임신이라고 했잖아요. 이 검사 안 해도 알았어요."

기쁨의 눈물을 흘리며 나의 심장은 흥분으로 두근댔다. 얼마나 이쁜 아이가 태어날까? 진료를 하는 산부인과 의사가 많이 먹고 쉬기를 권유했었다. 그런데 큰아이를 키우는 게 여간 힘든 게 아니었다. 몸이 녹초가 되어 잘 먹지를 못했었다. 그래서 뱃속의 아이가 작고 몸이 좀 약했다. 그리고 사회적 기준으로 보자면 못난이였다. 그런데 둘째 아들의 그 못난 작은 얼굴에 까망 눈이 내 눈에는 너무 이뻐 보였다. 그리고 하는 짓이 너무 귀여웠다. 그런 둘째 아들의 별명은 못난이였다.

어느 날은 둘째 아들에게 물어봤다.

"엄마가 왜 못난이라고 부르는 줄 알아?"

"응. 내가 이뻐서~"

다행이었다. 난 정말 우리 둘째가 자기를 못난이라고 인식할까 봐 걱정이 되었는데 말이다. 내가 사랑하고 있는걸 알고 있다니 다행이었다.

남편도 아이들을 사랑했다. 아이들이 해달라는 건 다 해주어서 그것 가지고 나에게 싫은 소리도 들었었다. 다 해주고 싶었던 거다. 자기는 그렇게 자라나지 못했는데 돈이 있으니 뭔들 아까울까!

큰아이의 변성기가 시작되었다. 아이에서 남자로 변해가는구나. 맑고 영롱한 목소리를 잃고 있다. 녹음을 해야 한다. 그런데 지친 결혼 생활로 만사가 귀찮아진 나는 녹음을 할 기력조차 없었다. 그냥 큰아이에게 네 목소리를 녹음을 하라고 했다. 이 목소리는 이제 다시 듣고 싶어도 못 들으니 녹음을 좀 해두라고.

항상 내가 다 해주었던 아이들은 혼자서 무얼 해보려고 하지 않았고 결국 녹음을 하지 못했다. 아직 어리니 자신의 목소리가 없어진다는 개념을 모르겠지. 내가 해주었어야 했던 걸까….

큰아이의 몸이 어른으로 변해가고 있다. 덩치가 커지고 있다. 아빠의 몸과 닮아가는구나. 날씨가 더워지니 웃통을 벗고 산다. 아이의 몸에서 남편의 몸을 본다. 남편을 연상하기 싫어서 옷 좀 입으라고 타박을 했다. 나의 품에서 살던 아이들이 나의 품을 벗어나고 있다. 아니 내가 밀어내고 있다.

주말 부부를 하는 남편은 여자와 살림을 차리고 생활하며 자기의 즐거움을 다 누리고 살고 있는데 나는 혼자 나의 즐거움이 뭔지도 모른 채 사내아이 둘을 키우고 있자니 억울한 생각이 일었다. 그래서 아마도 내가 아이들에서 벗어나고 싶었던 것 같다.

어느 날인가는 칼국수가 먹고 싶었다. 보통 먹고 싶은 음식이 생기면 혼자 식당에 가서 사 먹곤 했는데, 그날은 주말이었고 혼자 테이블을 차지하고 먹기가 주인장에게 미안해서 아이들에게 같이 먹으러 가자고 했다. 친구들과 놀기 바쁜 아이들은 먹기 싫다는 답장을 보내왔다. 엄마가 먹고 싶은데 혼자 먹기가 좀 창피하니 옆에만 앉아 있어 달라고 했는데도 싫다는 대답이 돌아왔다.

그날따라 그런 아이들이 미웠다. 남편과 닮아가는 아이들이 점점 싫어졌다. 저희들을 위해서 마음에 상처를 안 주려고 힘들어도 항상 웃으며 지내려고 노력하는데, 아이들은 엄마의 마음을 몰랐다. 모를 만도 하지…. 영원한 건 없다더니…. 인간은 본래 이기적이라더니…. 결국 나도 이기적이구나 내가 우선이구나….

남편은 애들을 볼모로 이혼을 안 해줬다. 내가 아이들 없이는 못 살 것을 알고 항상 뒤에서 아이들을 조종 했었다. 그걸 알면서도 이용 당해주었는데 이젠 아이들마저 점점 미워졌다. 더 이상 가정을 유지할 수 있는 이유가 없었다. 그래서 집을 나오려고 했다.

"나 옷만 들고 집 나올래."

이 얘기를 들은 내 지인들은 내가 아이들을 두고 나와서는 절대 못 살 거라고 했다. 그리고 이런 나의 모습에 다들 황당해 했다. 오죽하면 저럴까 하며 이해를 받기도 했다. 언젠가 나의 희생을 알아주리라 생각하며 버텨왔는데, 나중에 내 아이들이 크고, 남편이 반성을 하며 나의 희생과 가정을 지켜준 것에 감사를 하는 날을 희망하며 살아왔는데, 더 이상 버틸 힘이 남아 있지 않았다. 도리어 아이들이 이런 나의 모습을 보고 자라는 게 더 좋지 않을 것 같았다. 가까운 친구도 이혼을 권했다. 사랑 없는 냉랭한 가정에서 아이들이 더 나쁜 영향을 받을 거라고 했다.

그땐 항상 죽음을 생각했었다. 높은 곳에 올라가서 밖을 내려다보면서 이곳에서 내 몸을 던지면 가벼운 잎사귀처럼 사뿐사뿐 날아갈 것만 같았다. 그래서 떨어지는 게 무섭게 느껴지지가 않았다. 단지, 그 모습을 보고 내 아이들이 받을 충격에 그러지 못하고 살았을 뿐이었다.

나는 애써가며 가정을 지키려 아등바등 살아 왔는데, 나의 아이들이 변해 갔다. 내가 먼저 변하기도 했지만….

이혼했을 당시 내가 가진 돈은 전세 값이 전부였다. 그럼에도 그 돈을 빼서라도 아이들의 교육비를 충당 하였다. 나의 부모는 돈이 있음에도 불구하고 자식들에게 교육의 기회를 주지 않았다. 그래서 나는 내 자식들이 하고 싶다는 공부를 다 시켰다. 친구들에게 기죽지 말라고 용돈도 넉넉히 주었다. 그리고 언제나 그렇듯 맛있는 음식을 만들어 아이들의 마음을 즐겁게 해주었다. 줄어드는 통장잔고에 걱정이 늘어나도 겉으로는 숨기고 살아왔는데, 큰아들이 고3 되던 해에 술 담배를 하는 문제로 야단을 치는 내게 이런 말을 하였다.

"엄마가 나중에 늙어서 내 덕 보려고 지금 나를 키우는 거 아니야!"

그 말을 듣고 나는 억장이 무너졌다. 누구보다 더 엄마를 잘 아는 아이 입에서 어떻게 저런 말이 나올 수 있는지! 정말 막말하는 아빠를 닮았구나.

"뭐라고? 엄마는 돈 아끼지 않고 너희를 키웠는데, 내 앞길도 안 챙기고 자식들한테만 돈을 다 쓴다고 외갓집에서 욕을 얻어 먹어가면서 너희들을 키웠는데, 어떻게 네 입에서 그런 말이 나오니? 짐승만도 못하구나! 너 고등학교 졸업하면 아빠한테 가서 살아라. 더 이상은 너랑 살기 싫다."

대학 등록금이 걱정이었는데 내심 잘됐다라고 생각하였다. 그리고 똑같은 사람끼리 살아봐야 한다. 그래야 자기의 모습을 거울 보듯 알 수 있다. 큰아들도 아빠의 모습을 알아야 한다. (가서 살아봐. 아빠가 어떤 사람인지. 당신도 마찬가지! 당신과 똑같은 아들 데리고 살아봐 당신이 어떤 모습이었는지….)

작은 아이가 너무 불쌍했다. 큰 형보다 더 어린 나이에 부모의 이혼으로 사랑을 충분히 받지 못한 것 같아서. 작은아이의 담임선생님으로부터 연락을 받았다. 아이가 스트레스를 받고 있는데 다른 아이들처럼 친구와 싸운다던지 물건을 던지는 게 아니라 차가운 물을 마시며 감정을 가라앉힌다고 했다. 어린 나이에 이 정도의 감정 통제는 좋은 게 아니라고 상담을 권유받았을 정도였다. 일하다 말고 학교 선생님이 상담을 요청하거나 아이가 다치면 회사에 눈치를 보며 달음박질을 하며 달려갔다. 이럴 때 애들 아빠는 뭘 하고 있던 걸까? 이렇게 나의 아이들은 부모의 이혼으로 깊은 상처를 받았다.

이제는 어느덧 큰아이는 대학교 2학년 성인이 되었고 둘째 아이는 대학 입학을 눈앞에 두고 있다. 큰아이는 예쁜 여자 친구가 생겼나 보다. 둘째 아들은 어릴 때부터 여자 친구가 있어 온 반면 큰아이는 소식이 없어서 내심 걱정을 했다. 그런데 막상 카톡 프로필에 여자 친구 사진이 올라온걸 보니 질투가 생겼다. 둘째는 여자친구가 있었어도(둘째는 여자 친구가 수도 없이 바뀐다.) "네 여친 말야." 하고 내가 말을 건네면 “누구? 헤어졌어.” 하는 말에 이런 마음이 생기지 않았는데 말이다. 오히려 큰아들에게 상처를 제일 많이 받았는데 질투가 생기니 이상할 노릇이다. 그런데 여자 친구가 생겨서 좋은 점도 있다. 큰아들이 사랑을 하면서 이제사 내 마음을 이해하는 것 같았다. 이제라도 알아주니 감사할 따름이다. 언젠가는 알아주리라 믿었다. 내가 어떻게 키웠는데….

부모 나이는 자기 자식의 나이만큼 먹어 간다고 한다. 자식이 한 살이면 부모의 나이도 한 살. 그래서 미숙할 수밖에 없다. 앞으로 나의 아이들은 내가 웃음 속에 숨겨왔던 진실을 알게 될 일만 남았다. 다만, 엄마로 인해 가슴 아프지 말았으면 한다. 그저 운명이려니 하고 덤덤히 받아 들였으면 한다. 보석 같은 내 아이들. 보고 또 봐도 계속 보고 싶은 내 아이들….

“감사합니다. 내 아이들 덕분에 저는 온전히 올바른 길을 살아갈 수 있었습니다. 내 아이들에게 떳떳하고 당당한 엄마가 되려고 노력하며 살아 왔습니다. 아이들이 없었다면 저는 어떻게 되었을까요? 여기서 생을 마감한다고 해도 후회는 없습니다. 아이들을 올바르게 키워놓았다고 자신합니다. 사회에 도움이 되는 건강한 씨앗으로 자라난 아이들에게 감사합니다. 부족한 부모를 두게 한 것. 미안합니다.”

我_그럼에도 불구하고

오랜만에 친정과 통화를 하였다. 역시나 말이 안 통하는 사람들. 어쩜 이렇게 다를 수 있을까! 자기들이 한 말이 상대방에게 얼마나 큰 상처가 된다는 걸 모른다는 게 나는 더 이해가 안 갔다. 엄마는 여전히 자신의 딸에게 막말을 서슴지 않는다. 순대를 좋아하는 내가 밖에서 사 들고 와서 먹으니 임신했냐고 물어 봤던 엄마. 카페에서 알바를 했던 나에게 술집 접대부 한다고 했던 엄마. 그 또래면 친구들과 재미나게 어울려 놀 시기인데도 그걸 이해 못하고 무조건 날라리로 몰아 부쳤던 엄마. 아무리 아니라고 해도 나를 믿어 주지 않았던 엄마. 이걸 보고 배웠는지 우리 형제들 모두가 여전히 막말을 아무렇지도 않게 한다. 사회생활을 한다는 사람들이 어떻게 이런 말을 하는지 내 상식으로는 도저히 이해가 안 간다. 이러했기에 내가 집에 정을 못 붙이고 밖으로 돌았는데, 이번에 통화를 하면서 세월이 많이 흐른 지금도 나를 이해하지 못한다는 것에 화가 났다. 지금까지는 집안 시끄러워질까 봐 식구들이 하는 말에 뭐라 항변을 안 했는데, 이제부터는 참지 않겠다고 선포를 했다. 살아 보니, 사람들이 그러했다. 가만히 있으면 가마니로 안다고, 분위기 흐릴까 봐 모욕적인 말을 듣고도 그냥 웃으며 지나쳤더니 더 심한 말을 하며 나에게 상처를 주었다. 그래서 나는 속으로 골병이 들어갔고, 마음속에 분노를 안고 살아갔었다. 안 좋은 기억들을 잊어버리려고 했는데 불쑥불쑥 올라와서 나를 괴롭힌다. 뭐 나만 이렇겠나. 다른 이들도 마찬가지겠지. 다만 이러한 상처를 끌어안으며 오늘을 살아내는 거겠지.

공지영 작가가 《그럼에도 불구하고》라는 제목으로 책을 냈다. 이 말은 내가 자주 하던 말이다. 그녀는 나와 닮은 점이 많았다. 솔직하고, 거듭되는 시련에도 항상 밝은 면을 바라보며 살아가는 그녀였다. 그래서 나는 그녀가 좋다. 나도 그러한 삶을 살았다. 그러나 사람들은 나를 이해하지 못한다. 아무 고생 없이 살아온 사람 같다고…. 사실 그게 아닌데 말이다. 그리고 말하면 뭐하랴. 나의 아픔을 이해해주기보다는 겉모습만 보고 질투를 하니 말이다. 그래서 말을 안 했다. 내 이야기는…. 그리고 내 아이들이 걱정이 되어 자세한 이야기는 하고 싶지 않았다. 내 상처 위로 받자고 내 아이들의 아빠를 흠집 내고 싶지 않았다. 그냥 내 아이들에게 훌륭한 부모의 모습으로 기억 되고 싶었다.

그런데 이런 나의 마음은 모르고 사람들은 나를 비난했다. 그래서 이렇게나마 이야기를 시작 한 것이다. 나도 살아야 해서…. 이제 더 이상 거듭되어지는 오해 속에 나를 가둬 두기 싫다.

거듭되어지고 지속적인 나의 불행 속에서 나는 그럼에도 불구하고 삶의 긍정적인 면을 바라보며 살았다. 남편의 외도로 인해 나의 모습을 더 가꾸기 시작했다. 혼자 몸으로 아이 둘을 키우며 바깥일을 시작한 나는 허약한 나의 체력을 기르기 위해 운동도 시작했다. 결혼 후 생활환경이 달라지면서 이웃들과의 소통이 어려웠던 나는 많은 책을 읽으며 지식을 넓혀나갔다. 모든 종교를 탐독했다. 탐독한 결과 진리는 하나. 진리는 다 통한다는 걸 알았다. 그럼으로써 나만의 종교에 대한 주관이 생기게 되었고, 맹목적인 믿음에 빠지지 않게 되었다. 그리고 늘 혼자였던 나는 음악과 미술을 감상하며 위로를 받았다. 덕분에 예술에 조예가 깊어지게 되었다.

하지만 엄마는 이런 내게 "책대로 인생이 살아지는 줄 아니?"라고 여전히 나를 비웃었다. 그래, 엄마 말이 맞다. 내 나이 오십에 이제야 깨달았다. 이제라도 내 아들들에게 모두 말해주려 한다. 내가 겪은 인생에 대해서, 내가 겪은 상처에 대해서, 살아가며 타산지석으로 삼으라고.

나의 이러한 외로운 경험들은 내 아이를 키우는데 많은 도움을 주었다. 부모로부터 받은 상처를 알았기에 내 자식들에게는 그런 상처를 주지 않으려고 노력하였다. 누구보다도 외향적이고 사회적으로 성공하고 싶었던 나였지만 어릴 적 부모 품에서 크지 않았던 아픔을 알기에 나의 자아를 죽이고 아이들에게 헌신했다. 그래서 그랬는지 몰라도 우리 아이들은 또래보다 더 밝았고, 더 순진했다. 이거면 되지 않았나.

화려했던 삶과 밑바닥의 삶을 모두 살아본 나는, 그 누구와도 대화가 통하는 사람이 되었다. 나의 슬픈 유년 시절을 경험 삼아 나의 아이들의 유년 시절은 행복한 기억을 만들어 주었다. 내가 받은 아픔의 기억으로 소외받고 상처받은 이들의 아픔을 공감해주며 위로해줄 수 있었다. 이 모든 행동들이 나를 사랑 하지 않았으면 나오지 않았을 행동들이다. 만약에 내가 나를 사랑하는 걸 포기 했다면 나는 어떻게 되었을까? 남편과 매일 악다구니를 쓰며 싸워서 얼굴이 험악해졌을 것이다. 그래서 취업 시 면접에서도 탈락했겠지. 그리고 호감 가는 인상이 아니라 사람들에게 비 호감으로 기피 대상이 되었겠지.

향을 싸고 있던 종이에서는 향내가 난다고 했다. 나는 얼굴에서 그 사람의 품격이 드러난다고 믿는다. 다양한 계층의 사람을 만나보고 내린 결론이다. 어떠한 상황에서도 나를 사랑하고 귀하게 대접해줘야 한다. 그것이 나에 대한 존중이다. 그럼에도 불구하고 세상에는 용서 할 수 없는 일들이 존재한다. 사람이라면 기본적으로 공감하고 이해할 수 있으리라는 기본적인 질서라는 것들이 있다. 하지만 그러한 것들이 지켜지지 않고 있는 것이 지금의 현실이다. 어찌하랴! 그렇다고 나도 이 세상과 같아지면 어떻게 되겠는가 말이다. 바닷물의 소금도 3%밖에 안 된다고 한다. 변질 되어 가는 이 세상 속에서 3%의 소금과 같은 역할이 있다면 이 세상은 아름다운 세상을 유지 할 수 있으리라….

동화책 《행복한 왕자》의 왕자도 행복했다. 자신이 가진 보석을 마음이 아프고 가난한 이들에게 모두 다 나눠 주고 결국에 쓸모없는 고철 덩어리 취급을 받으며 용광로 속에 들어가게 되었지만, 행복하다고 했다.

지금의 나도 그러하다. 남편이 나를 사랑해줘서 행복하고 남편을 통해 나의 자식들을 만나게 된 것에 더더욱 감사하다. 그거면 족하다. 그거면 행복하다. 줄 수 있는 게 있어서 행복했고 가진 걸 모두 다 나눠 주어서 행복하다. 상처를 받게 된다고 해도 나는 또 나눠 줄 것이다. 인생은 반반이다. 치킨만 반반이 아니다. 감사를 모르는 사람만 있다고 나의 행운을 나누지 않을 것인가. 어디, 인생이 밝은 면만 있겠는가! 어두워야 밝은 것에 감사할 수 있는 것 아닌가! 밝은 면만 바라보자. 그러면 밝아진다. 얼굴이, 마음이, 인생이, 세상이….

인생은 화려한 카페트의 뒷면 같은 것이다. 아름답고 화려한 무늬를 만들어 내기 위해 뒷면의 아픔과 절망, 고통이 수놓아져야지 문양을 만들어내는 우리네 인생과 닮았다. 우리 뒤를 이어나갈 젊은 세대를 위해 우리의 경험과 지혜를 나누어 주고 그들에게 올바른 길을 제시해주면 이 세상이 좀 더 아름다워지지 않을까.

비록 나는 사회적으로 성공한 엄마는 아니다. 그럼에도 불구하고 나는, 아니, 우리 엄마들은 이미 성공했다. 자식을 위해, 인내하였으며, 가정을 지키려고 수많은 엄마들은 오늘도 열심히 웃으며 보물찾기 하듯 고난 속에서 행복을 찾아내며 살아가고 있다.

무척 힘들고 아픈 과정이었다. 하지만 이러한 기회를 통해 나의 아픔을 드러내고 치유를 할 수 있게 되어 감사하다. 이 모든 게 우연을 가장한 필연이었다고 생각한다. 앞으로 남은 인생이 기대된다. 빠샤!

구스타프 클림트, 〈키스〉, 1907년작

상대방이
원하는 것을 해주세요

작가 사랑씨앗 방성경

앞 모습보단 옆모습이 더 예쁘고, 務和愛軟 (힘쓸 무, 화할 화, 사랑 애, 연할 연), "힘쓰고 화합하며 사랑하고 부드럽자." 직접 창작한 생활신조가 있으며, 매일 여러 개의 가면을 쓰고 살아가는 직장인, 엄마, 아내, 친구, 동역자다.

최근에 용기를 내어 '작가'라는 새로운 가면을 구매했다는 그녀는, 글을 쓸 때만큼은 자신의 영혼과 마음의 소리에 집중할 수 있음에, 타인의 시선이 아닌 나와의 솔직한 대화를 우선순위에 두고 글을 써나가고 있다.

자신과의 소통의 시작, 그 첫 단추라는 점에서 이 책은 그녀에게 커다란 의미를 갖는다고 말한다. 머리보다 영혼을 통해 더 많은 이야기를 들려주고, 누구에게도 얘기하지 않았던 가장 깊숙한 내면의 이야기를 글에 담았기에, 이 글을 읽는 독자들 또한 상처와 대면하고, 자신의 마음을 들여다 봐주며, 마음으로 글을 써 나가길 바라고 있다.

앞 모습보다는 옆모습으로, 이 글을 읽는 그 누군가와 만나고 싶다고 말하는 저자의 말처럼,“꼭 전체를 다 보여주지 않아도 일부만을 비추는 실루엣이 더 진실 될 때도 있다.”라는 모순되지만 맑은 자신의 가식에 공감해 줄 단 한 명의 미래의 친구를 기다리고 있다.

‘지구별에 놀러 온 꼬꼬마의 시간 여행’은 꼭 무엇이 되지 않아도, 오늘 하루를 살아낸 것만으로도 큰 의미가 있음을 강조하는 그녀는, 나이와 직위 상관없이 ‘사랑’과 ‘진리’에 관하여 자유로이 대화할 친구를 기다리는 열린 마음의 소유자다. 지금은 작은 씨앗인 4차원 새내기 작가이지만, 많은 새들이 편히 놀러 올 수 있는 큰 나무가 되고 싶은 꿈을 지닌, ‘사랑씨앗’ 작가 방성경이다.

“만나 뵙게 되어 반갑습니다. 사랑씨앗 작가 방성경입니다.”

Email : milksake84@naver.com

Blog : blog.naver.com/milksake84

나 씨 아닌 한 씨 같은 한 씨 아닌 나

엄마는 맏며느리로 시집오셔서 딸 둘을 낳으셨다. 난 아들을 낳기 위해 백방으로 고민하시다가 우연히 교회에 다니시기로 하며 서원 기도를 하신 엄마의 뱃속에서 이란성 쌍둥이 남동생과 함께 태어났다. 위에 언니가 둘, 더욱이 둘째와는 연연 생으로 이란성 쌍둥이가 태어나 갓난아이가 셋이 된 것이다. 아들인 줄로만 알았던 세 번째 출산에 넷째까지 세트로 있음이 확인된 만삭의 엄만 고민이 깊어 지셨다고 했다. 임신 5개월 이전 시행한 양수 검사에서 난 남동생 뒤에 쏙 숨어 있었다. 만약 딸이었거나, 쌍둥이라는 게 확인됐었다면 엄마는 출산을 포기했을 거라고 하셨다. 양수 검사에서 성별이 아들로 확인되어 무척 기뻐하셨는데 만삭이 될수록 배가 유별나게 커서 이상하다 싶어 병원에 가셨고, 8개월이 넘어서야 쌍둥이임을 아셨다고 했다. 난 제왕 절개 후 의사 손에 먼저 꺼내어져 누나가 되었다.

1+1(원 플러스 원), 그렇게 덤으로 껴서 계획에 없이 태어난 나를 놓고 부모님은 고민하셨다고 했다. 우리가 태어나던 해에 집 장사로 한창 잘 나가시던 아버지 사업이 막혔기 때문이다. '쌍둥이와 돈을 바

꿨다'라는 엄마의 농담은 우리가 태어나면서부터 기운 집안 경제 사정을 말해준다. 직접 아이 넷을 모두 키우기는 어렵다고 판단하신 부모님은 나를 자녀가 하나인 친척 집에 양딸로 보내셨으면 하고 바라셨다고 했다. 그러나 그게 여의치 않자 입양을 보내야 하는지를 놓고 진지하게 고민하셨다고 한다.

그즈음, 외할머니는 오랫동안 무당집을 다니셨는데, 점쟁이로부터 "나를 버리거나 다른 집에 보내면 큰 벌을 받는다"라는 말을 들었다고 하셨다. 아들 출산을 바라는 서원 기도로 '어쩌다' 함께 태어나 덤으로 모태 신앙 태생이 된 나는 그렇게 무당집 점쟁이 덕분에 입양 보내지지 않고 외가댁에서 살게 됐다.

돌 이후엔 집으로 데려오려 했던 엄마의 계획과는 달리, 그 이후로 오랫동안 외가댁에서 성장해야 했다. 이혼 가정도 아니고 편부모 가정도 아니었다. 평범한 형태의 가정이었으나, 나는 가족과 분리되어 살아야 했다. 차로 십 오 분 거리, 조금 멀지만 걸어서도 갈 수 있는 옆 동네에 사는 엄마, 아빠, 그리고 두 언니와 동생은 늘 내가 손 내밀면 닿는 가까운 곳에 살았다. 등본상은 가족과 함께 있어서 유치원과 초등학교는 '엄마 집' 근처로 다니게 되었으나, 잠은 늘 할머니, 할아버지가 계신 외가댁에서 잤다. 그렇게 유치원과 초등학교 저학년 때엔 수업을 마치고 '엄마 집'에서 언니, 동생과 조금 놀다가 잠을 자기 위해 외가댁으로 넘어가는 생활을 했다. 가족들은 '엄마 집'에서 잠을 자고 가라고 했지만, 난 고집스럽게 할머니 할아버지를 찾았다. 태어나자마자부터 가족이 아닌 외할머니, 외할아버지, 이모, 삼촌의 손에서 자랐기 때문인지, 생김새부터 성향까지 외탁했다. 나 씨인 나는, 한 씨 집 외가댁에서 그렇게 막둥이처럼 컸다. 외가댁에선 존재감 있게 컸지만, 부모님과는 유대 관계를 거의 형성하지 못했다. 그러는 사이, 나도 모르게 내 안에 '가족에 대한 마음의 벽'이 크게 자리 잡은 상태로 시간은 흘러갔다.

나 사장으로 유명하시던 아빠 사업이 막혀 결국 집 장사를 접게 되면서부터 계속 집안 형편이 녹록지 못했다. 아버지는 엄마에게 고정적으로 생활비를 주지 못했고, 내가 고등학생이 될 때까지 나를 제외한 우리 가족은 짐을 싸서 전셋집 이사를 여러 번 다녔다.

반면에 난 태어날 때부터 자란 외가댁에서 이사 한번 없이 자랐다. 개인택시를 하시던 외할아버지의 경제력과 알뜰하고 야무져서 '목동의 동아일보'라 불리시던 외할머니 아래서 막둥이 같은 손녀딸로 말이다. 오래된 한옥이었지만, 방 네 칸에 마당도 크게 있었다. 넓은 마당에는 호박 넝쿨, 감나무와 목련 나무가 있었고, 그 옆에는 화초를 키웠다. 집을 지키는 강아지와 앵무새도 키웠다. 내 방에는 책상 두 개와 피아노가 있었고, 초등학교 시절 반 1등을 놓치지 않는 모범생으로 자랐다. 성격은 형제자매가 세 명이나 있었으나, 실제로는 외동처럼 자란 탓에 내성적인 편이었다. 방에 혼자 있는 시간이 많았고, 그럴 땐 방학 과제나 숙제 등을 하곤 했다. 할머니는 학용품이나 내가 공부에 필요하다고 하는 것들은 바로 지원해 주셨기 때문에 물질적으로는 크게 부족함을 느낀 적이 없던 나였지만, 마음은 외롭고 공허할 때가 많았다.

초등학교 저학년 시절 '왜 나만 가족과 떨어져 지내는 걸까?' 하는 당시 혼자서는 완전히 이해하기 어려운 정서적 외로움에 손목을 칼로 긋는 시늉을 몇 번 했던 기억이 난다. 나도 모르게 내 안에 정서적 외로움을 넘어, 혼자만 가족으로부터 버림받은 것 같은 피해 의식과, '난 원하지 않았던 아이인데 태어났나'라는 부정의 씨앗이 심겼었던 것 같다.

당시에 엄마는 다른 가족들보다는 자주 외가댁을 찾았는데, (그때 난 엄마가 외가댁에 왜 오시는지 잘 몰랐다) 엄마와 만나면 몇 시간만 지나도 싸우게 되곤 했다. 그럴 때면 내가 엄마를 밀쳐내거나 엄마에게 "싫으니 저리 가라."고 소리쳤던 장면들이 기억난다. 그때 엄마는 내게 "넌 미운 오리 새끼야."라며 상처 주는 말을 하곤 했다. 가끔 외가댁에 놀러 온 언니와 남동생도 내 마음도 모르고 내가 가지고 있는 펜이 좋아 보이는 듯 부러워했고, 내 방의 책상, 학용품 등에 관심이 많았다.

내가 가장 힘들었던 것은 가족이 나를 다르다고 구분 지음을 직, 간접적으로 느낄 때였던 것 같다. "너는 고생을 몰라. 외가댁에서 많은 혜택을 누리면서 유복하게 자랐잖아."라며 편을 가르는 듯이 내게 말했을 때, 나는 가족에 속하지 못하고 있다는 느낌을 받았고, 그건 내게 꽤 큰 충격이었다.

결혼 전에 이모와 삼촌 역시 나를 애지중지 보살펴 주셨지만, 나와 여섯 살 터울의 큰외삼촌의 딸인 사촌 언니도 내게 이런 농담을 자주 했다.

"나 씨는 나가라."

내 성씨(姓氏)가 나가(家)라고 들리는 그 말에는 "한 씨 집에 있는 나 씨는 나가라."는 중의적 의미가 담긴 듯했다. '진담인 듯 농담 아닌 감정 섞인 그 말'은 본인도 한창 귀여움받을 나이인데 갑작스레 외가 댁에 와서 자신이 받을 사랑을 독차지하는 나에 대한 여섯 살 꼬마 사촌 언니의 질투였다. 성인이 되어 안 사실이지만, 사촌 언니는 나로 인해 외할머니, 외할아버지와 친척들의 사랑을 빼앗겨 마음의 상처를 받았었다고 한다. 고작 서너 살이었던 나 역시 사촌 언니의 뼈 있는 말에 '내 가족은 나를 돌봐주는 외가 댁 식구였으면 좋겠다'라고 생각했던 내 마음 한편에 무의식적 상처를 남겼다.

그땐 정말 내가 미운 오리 새끼가 된 것만 같았다.

기댈 곳이 필요한 어른 아이

어미가 누구인지 분간하지 못하는 아기 오리는 키워주는 존재를 어미로 믿는다. 생물학적으로 든 심적으로 든 어딘가 있어야 할 내 진짜 부모를 찾는 것은 유아기의 내겐 생존 본능이었다. 어린 시절의 난 내 가족이 내 편이라는 기대를 아예 갖지 않았다. 오히려 내가 '내 가족이었으면' 하고 기대했던 대상들로부터 섭섭함, 실망감을 느끼는 것이 무엇보다 싫었다. 나 혼자 색깔이 다르다는 걸 알게 되는 시기가 되었지만 '내가 있는 곳이 내 둥지였으면' 하고 기대했다. 그렇게 착각하고 기대하고, 때론 기도하며 내 부모를 찾았다. 더 정확히는 내 정체성을 찾았다. 마치 자신과 생김새가 같은 새를 찾아 방황하는 미운 오리 새끼와 같이 말이다.

태어나서부터 서너 살까지 누가 엄마이고 가족인지 분별하지 못하는 나이에, 난 내 가장 가까운 곳에 있는 어른이 내 부모라고 착각했다. 할머니 할아버지, 외삼촌, 이모가 내 부모, 가족이라고 기대했다. 다섯 살, 여섯 살에는 막내 외삼촌 외숙모가 내 친부모였으면 좋겠다고 생각했었다. 그런데 함께 살았던 큰 외삼촌 댁 사촌 언니의

"나 씨는 나가라." 하고 말한 농담 섞인 그 말이 내 마음 한쪽에 무언지 모를 서러움의 감정을 싹트게 한 것 같다. 굳이 직접적으로 말하지 않아도 난 이미 내가 같은 둥지에 사는 다른 존재라는 걸 알아챘기 때문이었다. 정체성의 혼란을 느낀 유년의 내가 마음에 상처를 받지 않는 유일한 방법은 타인에 대한 기대치를 낮추는 것이었다.

내가 다섯 살 때 결혼하신 막내 외삼촌은 지금도 내게 아빠와 같은 존재이다. 결혼 전 휴일이면 나를 목말 태워 어린이 대공원, 놀이동산 등에 데리고 다녔고, 외숙모와의 연애 시절에도 나를 여기저기 데리고 다녔다. 유년 시절 사진 속 내 얼굴엔 그림자가 살짝 드리워져 있는데, 그래도 그땐 활짝 웃고 행복해하는 모습이었다. 그렇게 날 진심으로 예뻐해 주신 막내 외삼촌, 외숙모가 내 부모이길 바랐었다.

그런데 두 분이 결혼하게 되면서 나와 여섯 살 터울의 사촌 동생이 태어났고, 그 이후로는 상대적으로 나에 관한 관심이 줄어드는 것을 느꼈다. 내가 있던 두 분 사이의 사진에는 사촌 동생이 있었고, 점차 막내 외삼촌 부부 나들이에 내가 동행하지 않게 됐다.

그러나 나의 부모가 아닌 사촌 동생의 부모인 걸 정확히 깨달은 나이가 됐음에도 불구하고 나는 여전히 두 분이 내 부모님이면 좋겠다고 생각했었다.

내가 열한 살 때 막내 외삼촌이 분가하기 전까지 사촌 동생과 형제처럼 자랐다. 그러던 어느 날 외숙모는 내가 초등학교 1학년에 입학해서 받아쓰기 시험을 보는 것을 알고 "첫 시험이니 시험을 잘 보면 선물을 사줄게."라는 약속을 했다. 난 그 말에 기뻐하며 열심히 공부해서 결국 백 점을 받아왔다. 초롱초롱한 눈빛으로 외숙모에게 "저 시험 다 맞았어요." 하고 말했는데, 내가 의미를 크게 두고 기억하고 있었다는 사실에 놀라셨던 것인지, 혹은 그때 선물을 사주실 만한 상황이 안 되셨던 것인지는 모르겠지만, 내 말에 대답하지 않고 시선을 피했던 기억이 남아있다. 그 일은 작은 사건이었지만, 어린 시절의 내겐 기대했던 대상에 대한 실망감을 느끼게 된 경험이었다.

그 이후부터였을까? 난 의식적으로 어떤 대상에게 '기대'라는 것을 하지 않았다. 기대한 만큼 실망감도 클 수 있다는 사실을 아주 작은 체구의 초등학생 때 알아버렸다고 해야 하나. 내 친부모였으면 좋겠다고 생각했지만, 결국 내 부모가 아니라는 사실을 어느 순간부터 받아들였던 것처럼 말이다. 그렇게 유아기의 내겐 '가족', 그리고 '부모'라는 두 단어가 어렵고 애매모호했다.

초등학교 6학년 때 처음 피아노 학원에 다니게 되었다. 학교에서 피아노를 치는 한 여자친구의 모습을 보고 부러웠던 나는 할머니께 피아노 학원에 다니고 싶다는 말을 어렵사리 꺼냈다. 무언가를 하고 싶다고 표현한 것이 처음이었던 듯싶다. 그만큼 부탁을 하거나 어른에게 도움을 요청한 적이 없었다. 그렇게 피아노는 내 유일한 친구가 되었다. 할머니께서 중고 피아노를 사 주셨고, 외롭거나 조금 우울한 기분이 들 땐 방에서 혼자 복음 성가를 쳤다. 유일하게 마음의 평안함을 얻을 수 있는 취미였다. 그렇게 난 중학교 2학년 때까지 피아노 학원에 다녔는데 내가 무척이나 따랐던 여자 대학생 선생님이 계셨다. 친해져서 우리 집에도 오곤 하셨는데, 호주로 워킹 홀리데이를 가시게 되면서 1, 2년 정도 편지로 주고받던 연락도 시간이 더 지나자 끊어지게 되었다.

애정을 준 대상과 멀어짐에 대한 유년 시절의 무의식적 상처 때문이었을까? 좋아하는 감정을 느낀 존재와 멀어지게 되는 경험이 특히 힘들었다. 내 가족인 것 같았던 외가댁 식구들이 하나둘 분가를 하고 옆에 남지 않자, 언젠가부터 '타인에게 헛된 기대를 하지 말자, 의존하지 말자.'라는 마음의 벽이 세워졌다. 원래부터 마음의 거리가 멀던 부모님과 형제들에게 역시 기대치를 낮추는 연습을 했다. 더 상처받기 싫어서 말이다. 그리고 점차 '나 혼자 스스로 자립해서 살아야 한다.'라는 강박적 독립심을 지니게 되었다.

한발 나아가 중학생 때에는 어느 미래에 외할머니, 외할아버지도 내 곁을 떠나게 되리라는 것을 마음으로 미리 준비했던 것 같다. 내 곁의 나무 그늘이 사라졌을 때의 내 마음을 보호하기 위해 앞서 그 상황을 받아들이는 마음으로 나를 무장해 버렸다.

사랑하는 존재에게 마음껏 떼쓰고 어리광부려보지 못해서였을까? 어릴 적부터 주변 돌아가는 상황에 나를 맞추고 적응해야 해서였을까? 어릴 때부터 그렇게 주변 눈치를 살폈다. 그리고 내 의견을 잘 표현하지 않았다. 자립심이 강하면서도 타인에게 인정받고 싶은 욕구가 컸다. 애정을 주고받을 대상을 늘 바랐지만, 누구에게도 내 진짜 속마음을 잘 털어놓지 않았다. 다들 날 애늙은이라고 부를 정도로 늘 성숙했고, 힘든 일이 있어도 티 내지 않았다. 주변은 그저 나를 공부 잘하고 똑똑한 모범생으로 보았다. 학급에서 매 학기 임원을 맡고, 여러 과목에서 고루 상장을 받았기에 할머니와 친척들은 나에게 "넌 연세대에 갈 것 같다." 하곤 했다. 그러한 주변의 칭찬은 어쩜 내게 내면의 정서적 외로움을 가장 빠르게 떨쳐버리는 수단이었는지 모르겠다. 친구와의 관계처럼 내가 혼자 해결하기 힘들지만 사소한 마음의 걱정이 생기면 혼자 끙끙 앓았고, 자연스럽게 나의 감정에 대해 있는 그대로 솔직히 표현하는 법이 서툴렀다. 그러면서도 조잘조잘한 일상적인 수다를 나눌 때도 무조건 나를 믿어주고 나의 편을 들어주는 가족이란 울타리와 부모라는 우산이 내게도 있기를 마음속으로만 바랐던 기억이 난다.

그렇게 나는 고민을 혼자 해결하는 방법을 터득하며 성장했다. 그랬다. 난 '모범생'이 아니라 심도 있는 심리 상담이 필요한 '어른아이'였다. 속으로는 온갖 고민과 걱정을 끌어안고 사는 어린애였다.

사춘기가 시작된 중학교 3학년 시기에도 내 느낌을 알아채는 것은 빨랐으나, 표현하는 것을 주저했다. 특히 부모님 대신 곁에 계셨던 할머니 할아버지께 나의 고민을 이야기하는 것은 걱정을 끼치는 일이라고 생각했다. 사람을 좋아해 사교적이었지만, 깊이 있는 관계로 사귀는 데는 어려움을 느꼈다. '마음을 열게 된 대상에게 내가 상처받게 되면 어떡하지?' 하는 마음 때문이었다. 가족과 자연스럽게 사소하고 자잘한 일상을 나눈 대화가 적었기에 일상의 고민을 누군가에게 드러내는 것이 쉽지 않았다. 언니들에게도 말이다.

자립적인 만큼 자존심이 셌지만, 반대로 타인의 사소한 말에도 쉽게 상처를 받는 나 자신을 그저 '마음이 여린가 보다' 하며 그냥 넘겨버렸다. 나를 더 깊이 있게 이해하고 내 감정을 솔직히 들여다 봐주지 못했다. 내 속에서 곪고 있던 상처를 용기 있게 바라봐 주지도 못했다. 오히려 이 마음의 상처들을 들키지 않기 위해서 고슴도치의 가시처럼 자기 방어하기에 급급했다. 이미 상처가 나 있어 치료가 필요한 마음에 자꾸만 그 고슴도치의 가시가 닿아 고통이 크게 느껴지는데도 그저 마음에 걱정이 찾아오면 조용히 기도했고, 그러다 마음이 평안해지면 그것을 위안으로 삼았다.

네 상처에 동의를 구하지 않아도 괜찮아

외할머니께서는 내가 중학교 1학년이 될 즈음부터 부엌에서 냄비를 태우곤 하셨다. 연기가 자욱하게 고이고 냄비가 시꺼멓게 타는 것을 자주 목격했다. 오래된 한옥이었기 때문에, 큰불이 나지는 않을까 걱정이 들기 시작할 중학교 3학년 시기, 셋째 외삼촌이 거액의 사기를 당하게 되면서 외할아버지는 개인택시를 팔았다. 쌀뜨물을 변기 버리는 물로 재사용하시며 단돈 천 원도 헛되게 쓰지 않으셨던 외할머니는 큰 충격을 받으신 듯 치매 증상이 점점 심해지기 시작했고 부엌살림을 혼자 하시기에 위험한 상황까지 됐다. 그렇게 똑소리 나시던 외할머니는 이후 14년 넘게 치매를 앓으셨다. 외할머니의 건강이 악화되면서 외가댁의 형편이 불안정해진 그때, 공교롭게도 내 사춘기가 시작됐다.

중학교 3학년 때의 담임선생님은 학기 초에 나를 불러 지금 함께 다니는 친구들과 어울리지 말라고 하셨다. 엄격한 문화의 여자중학교에서 외모적으로 조금씩 튀는 성향을 보이고 자꾸만 떨어지는 내 성적이 걱정되어서 하신 말씀이셨겠지만, 왜 친구들을 의지처로 삼으려고 하는지에 대한 내 마음까지는 관심이 없으셨다. 그때의 내겐 친구가 힘든 마음을 터놓을 수 있는 유일한 대상이었는데 말이다.

그러던 어느 날 담임선생님은 아이들이 모두 있는 교실에서 내 부모님과 가정환경에 관한 말씀을 하셨다. 난 그때 내 생애 처음이자 마지막으로 반 아이들이 보는 가운데 책상에 엎드려 서럽게 펑펑 소리 내어 울었다. 16년 동안 속으로 혼자 싸매고 감춰 놓았던 내 안의 복합적인 서러움이 그날 터져버린 것 같다.

상장이 발에 걸려 치일 정도로 무슨 일이든 혼자서 척척 해내던 상위 1% 모범생 어른아이의 남모르는 정서적 외로움은, 제일 중요한 고등학생이 되었을 때 문제로 나타났다. 그동안은 외할머니, 외할아버지께서 건강히 내 나무 그늘이 되어 주셨기 때문에 내면의 상처를 그 그늘 속에 숨기고 모범생으로 버텼었지만, 그 그늘이 사라지자 마음의 방황이 걷잡을 수 없이 커진 것이다.

학업에 열중해도 시간이 모자를 고등학교 시절에 마음의 중심을 잡기 힘들었던 난, 심적 방황을 했다. 반 1등, 적어도 반 10등 안에서 이탈해보지 않았던 모범생이, 인문계의 날라리로 바뀌게 된 것이다. 동아리 친구들과 어울렸고, 학업에서 멀어졌다. 친구들과 술집에서 술을 마시다가 필름이 끊겨 연락을 받고 데리러 오신 아빠에게 얼굴을 맞았는데도 맞은 기억이 나지 않을 정도로 취했던 일도 있었다. 그렇게 위태로웠던 고등학교 시절은 지금도 별로 떠올리고 싶지 않다. 바다에 떠도는 부표처럼 불안정했던 내 마음이 그만큼 힘겨웠었기 때문이다.

본격적인 공부를 위해 모인 곳인 인문계에서 내가 받은 충격적인 성적표는, 반 45등. 아마 내 성적표 뒤엔 다른 순번이 없었던 것 같다.

그때 "나 상고로 전학을 가야 할까?" 하고 울며 진지하게 고민을 털어놓은 유일한 대상은 막내 외삼촌이었다. 어린 시절 내 똥 기저귀를 갈아주셨던 아빠 같은 분이었다. 그때 당시 보습학원을 크게 경영하시던 막내 외삼촌은 방황이 계속되는 것을 염려하셨고, 내게 아주 진지하게 물으셨다.

"너, 삼촌 딸 할래? 아예 호적을 옮겨서 삼촌 딸로 살래? 결혼할 때도 삼촌 손 잡고 하고 말이야."

그건 여섯 살 이전의, 아니 초등학생 때까지의 내 소원이었다. "하나님, 막내 외삼촌 외숙모가 내 친 부모님이라면 얼마나 좋을까요?" 하고 했던 기도가 현실이 될 수 있던 기회였다. 하지만 그 질문은 고1의 나에겐 혼란스럽고 어려웠다. 외삼촌이 진짜 내 아빠가 될 수 있다는 기대감과 함께 어쩐지 거절해야만 할 것 같은 마음이 공존했다. 난 고아도 아니고, 부모와 가족이 멀쩡히, 그것도 아주 가까이에 살고 있었기 때문에 내가 삼촌 딸이 될 만한 적절한 명분이 없다고 생각했던 것이다. 내 가족, 그리고 다른 주위 사람들이 바라볼 시선이 의식됐었던 건지도 모르겠다. 그때의 난 그렇게 나의 부모를 바꾸는 일을 선택하면 나중에 나이가 들어 다른 복잡한 문제가 생길 것이 걱정되었던 것 같다. 그때의 난 어쩜 나의 부모님이 살아계신 게 아주 조금은 원망스러웠던 것 같기도 하다. 고아도 아닌데 고아인 듯, 모호한 내 위치가 너무 싫었기 때문이다. 부모도 있고, 언니 동생도 가까이에 있는데, 정작 내 가족에게 심리적 안정을 찾지 못하는 나의 마음이 어렵고 힘겨웠다. 내 그러한 감정에 공감해주는 사람이 없던 것이 나를 외롭게 했고, 계속해서 안정감을 찾고자 하는 나 자신이 문제인 것만 같았다.

내게 무한 애정을 쏟아 주셨던 할머니, 할아버지는 늙었고, 삼촌, 외숙모, 이모는 각자의 가족의 품으로 떠났다. 끝까지 내 편으로 남아있을 사람은 없다고 느끼고는 홀로서기를 결심했다. 누구도 쉽게 믿지 않기로 했다.

사춘기라는 이름의 마음속 파도가 크게 일었던 시절, 불안의 씨앗을 해소하는 방법을 가르쳐줄 나무 그늘인 어른 대상이 필요했지만 결국에는 혼자 해결하곤 했다. 조금 더 정확히는 해결이라기보다, 내가 어떻게 하고 싶은지에 초점을 맞추어 고민하고 맞서는 것이 아니라, 그 상황에 나를 끼워 맞춰 모면했던 것 같다. 지금의 내가 그때의 나를 만날 수 있다면 어떨까. 사소한 일상의 일들이라도 나보다 경험이 풍부한 누군가에게 고민을 토로해보라고 말해줬을 것이다. 그러나 아쉽게도 그때 내게는 주변 시선을 의식하지 말고 온전히 나 자신을 바라보라고 말해주는 사람은 없었다.

가장 예민한 시기인 고등학교 3학년, 막내 외삼촌의 권유로 처음 가족과 합쳐서 생활하게 됐었다. 단 하루도 잠을 함께 잔 적이 없는 가족과 한 공간에서 살게 된 것이다. 함께한 시간이라고는 초등학교 저학년 때 이른 하원 후 낮의 서너 시간을 함께 어울린 것이 다인 형제들과 말이다. 그때의 난 나만 자연스럽게 어울릴 수 없는 가족과 함께 있는 일상이 불편했고, 학교 수업을 마치고 집에 오면 그저 무기력하게 좁은 방 안에서 잠만 계속 잤다.

그러던 어느 날 엄마는 내게 수영을 해보라고 권유하셨다. 다른 것엔 겁이 없는 편인데, 물을 유독 무서워하는 내 콤플렉스를 극복할 겸, 내 무기력함을 떨쳐 낼 겸 없는 생활비에 수영 등록비 2개월 치를 내어 주신 것이다. 우리 집 경제 형편상 부모님께 받은 거의 유일한 지원인 것으로 기억한다.

"재는 피아노도 학원에서 배웠는데 큰 언니는 아니잖아. 큰 언니는 수영도 안 배웠어."

둘째 언니는 엄마가 어려운 살림에 본인들은 제쳐두고 나의 수영 등록비를 지원해주는 것이 샘이 났던가 보다. 여느 형제나 질투를 하지만, 그러한 사소한 말들이 가족과의 애정이 깊게 형성되지 않은 내겐 상처로 남았다.

그 외에도 가족들은 은연중에 내가 온실 속 화초처럼 자랐다고 말하곤 했는데, 흘려듣는 척했지만 사실은 그 말들이 마음속 깊이 남아 있었다. 가족과의 일상에 불편함을 느낀 난 다시 중증 치매를 앓으시는 외할머니와 늙은 외할아버지가 계신 외가댁에 왔다 갔다 하며 지냈다. 그렇게 내 편인 듯, 다른 색인 듯 나에겐 가족과의 거리가 존재했다. 하지만 나는 마음의 섭섭함조차도 드러내지 않고 외면했다. 가족으로부터 버려진 상황이 아니었음에도 불구하고, 가족에게 내가 중요한 존재가 아니었다는 유아기의 무의식적 상처가 나를 억누르고 있었다. 그러나 내가 가족에게 섭섭하고 상처받았다는 사실 자체를 인정하고 싶지 않았다.

미운 오리였던 내가 갈망했던 것은 가족으로서의 동질감이었다. 소속감, 안정감을 기대하지만, 온전히 하나 되지 못하고 나만 분리되어 구분되는 느낌이 싫고 힘들었다. 다른 사람들은 가족에게 안정감을 느끼지 못하는 나를 예민한 아이로 보았다. 그러나 이제는 어린 시절의 내게 해주고 싶은 말이 있다.

"괜찮아, 꼭 네 상처에 동의를 구하지 않아도 돼."

지금의 나는 안다. 어릴 적부터 마음고생이라는 보따리를 푸는 법을 몰라 혼자 끙끙 씨름했고, 그것은 어린 내가 감당하기에 벅찬 짐이었다는 것을 말이다. 그것을 알아주는 사람이 없고 내 상처에 아무도 동의하지 않는다고 해서 내가 상처받지 않은 것이 아니라는 사실도 함께.

부모님을 용서하게 해 주세요

타인의 시선보다 중요한 것은 내가 아프지 않을 수 있어야 한다는 것이다. 힘들 땐 힘들다고 말하고 아프면 아프다고 말하는 연습을 해 본다. 내 감정에 솔직하고 당당하게 반응해서 무수한 유리 파편 같은 상처들이 나 자신을 더 아프게 하지 못하게 할 것이다. 타인의 인정 없이도 온전히 단단한 내면의 마음의 근육들을 싹 틔워야 한다.

격동의 사춘기를 겪고 스무 살의 난 전문대학에 입학했다. 흔들흔들 위태롭던 고등학교 시절을 보내고, 성인이 된 것이다. 상처 안 받는 척, 괜찮은 척, 강한 척, 혼자 속으로만 끙끙 앓고 지냈던 나에 대해 되돌아볼 여유 없이 난 대학생 초부터 아르바이트하며 정신없이 생활했다. 우리 형제는 모두 고등학교 졸업과 동시에 부모님으로부터 모든 돈을 받지 않았다. 그래서 심적일 뿐만 아니라 경제적으로도 난 온전히 홀로서는 법을 터득했다. 그렇게 자립을 하면서 '이제 내 인생은 내가 바꿔야겠다.'는 집념이 커졌다.

차비, 밥값은 물론, 학비를 직접 벌기 위해 대학 입학과 동시에 막내 외삼촌이 경영하시는 학원에서 총무로 일했다. 친구들이 대학교만 다닐 때 난 수업이 끝나자마자 매일 일하러 학원으로 가야 했다. 그러다 보니 대학생이면서 직장인의 신분으로 내 시간적 여유가 없는 삶이 스트레스가 됐고, 보상심리 때문에 잠자는 시간을 줄여서 놀았다. 그 당시의 난 무엇에도 겁이 없었다. 기대했던 것과 다른 캠퍼스 생활에 실망감이 들었고, 학생다운 일상 대신에 멋지고 화려한 세상에 대한 호기심으로 매우 충만했다. 동시에 불안정한 내적, 외적 결핍을 스스로 극복하는 것이 아니라 다른 누군가로부터 해결책을 찾고자 했던 것 같다. 외모 지상주의에 빠진 듯 꾸미는 것에 열중했고, 모델로 유명해진 고등학교 친구들과 1년간 열정적으로 놀았다. 오전에는 대학교 강의를 듣고, 오후엔 학원에서 근무하고, 밤엔 클럽에서 놀았다. 그렇게 약간 제정신이 아닌 듯한 스무 살 한 해를 보냈다.

그러던 어느 날 갑작스럽게 대학교를 편입 해야겠다고 결심했다. 극과 극 모드 전환, 날라리에서 급히 공부 모드로 돌변한 것이다. 대학 2학년 2학기 개강과 동시에 4개월 동안 대학교와 편입 학원, 집을 논스톱으로 횡단하며 대학교 편입에 성공했다. 4개월 단기 공부로 서울 소재 유명 대학의 일반 편입에 성공한 나를 두고 강남의 학원가에선 '로또'라 불렀다.

어쨌든 목표에 대한 집념으로 몰입해서 목표를 성취한 경험은 내게 큰 자산이 되었다. 나 자신과 싸움에서 성공을 이뤄낸 경험이 되었기 때문이다. 대학 캠퍼스 생활을 누리는 것은 고등학교 시절 공부를 포기했던 나에 대한 심리적 보상이 목적이었다. 편입 후 기존 재학생들도 따기 어려운 복수 전공을 따고, 대학교 연합 동아리 활동도 하며 열심히 지냈다. 아르바이트와 과외 등을 하면서 무척 바쁘게 지냈고 그때도 어른들과 거의 상의하는 일 없이 스스로 선택하고 책임지는 날들이었지만, 난 내 나름의 경력 패스를 그리며 목표 지향적으로 살았다. 천둥벌거숭이처럼 많은 시행착오를 직접 겪으며 어찌어찌 그래도 내가 하고 싶은 일, 목표하는 것을 조금씩 이뤄가는 듯 보였다.

그 이후로는 광고 홍보 회사나 화장품 회사 마케팅 분야 입사로 진로 방향을 잡았고 공모전과 영어 공부를 위해 휴학을 계획하던 중에, 당시 중견 기업의 임원으로 계시던 셋째 외삼촌으로부터 공무원 준비를 해보라는 권유를 받았다. 치열한 분야로 진출하는 대신 여자에게 안정적인 직업을 가지길 바란 애정이 담긴 조언이셨다. 공무원 책값과 학원 등록비, 고시원비를 지원해주신 덕분에 뭣도 모르고 노량진 고시촌에 입문했다. 그러나 아이러니하게도 그것이 그 뒤로 얼마간 진로에 대한 목표를 잃고 우울감에 빠지는 계기가 됐다.

스스로 세워둔 목표와 시간 계획, 커리어 패스가 흔들리면서 몸의 균형을 잃게 되었다. 일과 학업을 병행했고, 재수나 휴학 없이 논스톱으로 대학교를 편입 하느라 쉬지 못하고 달려온 나였다. 그래서 1년 정도 휴학 후 차분히 취업을 준비할 계획이었건만, 몰아쳐서 몰입

해야 하는 고시원 수험 생활에 준비 없이 뛰어들게 되자 심적인 부담을 느꼈고, 큰 우울증을 겪게 되었다. 무엇보다 목적의식이 불분명한 나에 대한 확신이 흔들리면서 힘든 시간을 겪게 되었다. 방에서 나오지 않고 계속 자거나, 핸드폰으로 주변의 지인들에게 계속 문자 연락을 하는 등 마음을 잡지 못하는 상태가 되었다. 어릴 적부터 자립해야 한다는 압박감이 컸던 내게 목표 상실은 큰 충격이었고, 단기 편입 성공이라는 자만의 틈 사이로 들어온 불안의 씨앗이 나를 우울증으로 몰고 갔다.

짧게 감기처럼 지나갈 줄 알았던 우울증은 1년 반 정도 꽤 긴 시간 지속됐고, 나와 주위 사람들 모두를 지치게 했다. 그 시기인 2005년부터 2007년 기간에 기억나는 것은 故 이은주, 故 정다빈 두 여배우의 자살 기사이다. 그 기사를 보고 '아 나도 계속 이러다가는 죽을 수도 있겠다.' 싶었다. 머리는 이성적 사고를 했지만, 계속 불안정한 마음을 평온하게 다스리는 방법을 쉽게 찾아내지 못하고 시간이 흘렀다. 내 무기력함에 지쳐갈 때쯤, 뭐라도 다시 해보자는 생각으로 노량진 수험 가에 다시 가게 되었다.

다짐과는 다르게 공부에 집중을 못 하는 상태로 몇 달을 고시원에서 지내던 중에 어느 교회의 전도부 언니 오빠들을 만나게 됐다. 그 뒤로 철야 예배를 몇 번 따라가게 되었고, 신앙 훈련이 잘된 그분들은 나를 위해 기도를 해주었다. 네 명이 나를 둘러싸고 기도를 해주는데, 그 중엔 통변을 하는 사람이 있었고, 내가 크게 소리 내어 기도하면, 내 기도를 방언으로 다시 기도해 주었다. 그때 내 입에서 나도 모르게 "부모님을 용서하게 해주세요!"라는 말이 아주 크게 터져 나왔다. 내 말을 방언으로 기도해 주던 그 전도부 형제와 내가 서로 놀라서 눈이 마주쳤었다. 부모님을 원망하고 있었다는 걸 몰랐었는데, 내 안에는 원망과 상처가 매우 컸던가 보다. 그리고 그것이 그동안 가족을 대하기 불편한 존재로 여기게 하는 장애물이 되었었던 것 같다.

신기하게도 그 시점을 계기로 부모님에 대한 어려운 마음이 사라졌다. 특히 아빠에겐 편하게 말 한마디 못 했던 내가 스스럼없이 아빠라는 단어를 사용하게 되었다. 버림받았다고 느끼며 원망했던 부모님에 대한 용서와 함께 내적인 치유가 이루어진 것이다. 지극히 개인적이고 조심스러운 신앙적 체험이지만, 난 그 일을 계기로 우울증에서 완전히 벗어나 매우 건강한 몸 상태로 회복하게 됐다.

그 뒤 어느덧 시간이 훌쩍 흘렀다. 격변의 이십 대와는 작별을 하고, 이제는 두 아이를 낳아 키우는 삼십 대 중반을 넘긴 나와 마주한다. 내가 맞벌이를 하며 육아에 허둥대자 나를 헌신적으로 도와주신 것이 바로 엄마이다. 나를 직접 키우지 못한 것에 대한 미안함과 마음의 빚을 더시려는 듯, 나의 아이들을 정성껏 돌봐 주셨다.

내가 엄마가 되어보니 이전에는 보이지 않던 엄마의 사랑이 보이기 시작한다. 다른 가정도 서로 티격태격 크고 작은 상처를 주고받으며 산다는 사실도 함께 말이다. 비단 나만 상처를 받고 성장한 것이 아니라는 것을 느끼며, 엄마도 삶이 꽤 힘드셨겠다는 생각이 들었다. 아빠는 사업 실패로 자신감을 잃으셨고, 넉넉지 못한 수입으로 생활비를 고정적으로 주시지 못했다. 넉넉지 않은 살림에 자식 여럿을 챙겨야 했으니, 지금 생각해보면 얼마나 벅차셨을까 싶다.

한주에 세 번씩 나를 보러 외가댁에 오는 엄마에게 "가버려, 엄마 필요 없어." 하고 소리를 쳤을 때 엄마 마음은 얼마나 아프셨을까? 넓은 집에서 외할머니가 해주시는 맛있는 반찬을 먹으며 잘 먹고 잘 지내고 있는 듯 보였을 것이다. 그런 나를 보곤 마음이 놓이면서도 다른 마음 한쪽엔 고아처럼 가족과 떨어져 지내는 것을 애처로워 한 엄마의 마음을 몰라드려 죄송하다. 엄마는 미안하고 안쓰러운 마음으로 나를 보러 외가댁에 오셨었다는 것을 이제야 비로소 이해하게 되었다.

어쩌면 오히려 나 역시도 아주 오랜 시간 가족들에게 상처를 주고 있었는지도 모르겠다. 생각해보면 관심과 사랑에 이유와 명분을 찾았던 나와는 달리 가족들은 나를 그냥 있는 그대로, 존재 자체로 대해 주었던 것 같다. 성인이 된 후 가족과 다시 함께 살게 되었을 때에 언니들은 내 귀가 시간이 늦어지면 꼭 전화를 했다. 하지만 난 그러한 언니들의 관심이 귀찮게 느껴지기도 했다. 이전의 내 자유롭던 일상에는 개입이 없던 가족이란 존재가, 성인 이후의 삶에 나타나 내 일상에 관심을 보이고 걱정하는 일이 어색하고 불편했기 때문이다. 이렇게 가족은 늘 같은 자리에 있었는데 내가 멀리 떨어지려 했고,

마음의 거리를 두며 살았다는 것을 조금씩 깨달았다.

이젠 확실히 안다. 돌쟁이 갓난아기 시절, 가족과 자지 않고 잠은 곧 죽어도 할머니 집에서 자겠다고 죽을 만큼 떼를 쓰던 것도 나, 사소한 말에 상처받고 마음을 닫아 버린 것도 나, 그리고 그러한 상처를 치유해야 하는 것도 나, 헐고 녹슨 마음의 방 키를 쥐고 있는 것도 바로 나 자신이라는 사실을 말이다. 오래 잠겨 있었기에 녹이 슬긴 했지만, 그 녹을 벗겨 내고 조심스레 키를 돌리면, 어두웠던 마음의 방에 한 줄기 빛이 비칠 것이라는 소망과 함께.

우린 어쩌면 아무도 다른 사람의 상황을 온전히 이해할 수 없을지 모른다. 그런데도 내겐 방황하는 청소년들의 상담자가 되어주고 싶은 마음이 있다. 내가 시행착오 사춘기를 겪었기 때문이다. 그 시절엔 몰랐지만, 용기 내 손을 뻗었다면 손을 잡아 줄 인연들이 많았음을 이제야 깨달았기 때문이기도 하다. 나아가 이산가족과 입양 가족들처럼 어쩔 수 없이 혈육과 떨어져 지내게 된 사람들의 상처에 공감하고 싶다. 느끼는 상처의 크기는 다르겠지만, 혹 내면의 상처를 치유한 나의 경험을 통해 누군가에게 작은 위로를 건넬 수 있다면 말이다.

난 여전히 우산이 필요한 내 내면의 '어른아이'를 위해 펜을 들었다. 아마도 삶의 이정표를 따라가다 보면 짧게나마 기록해 본 지난 시간 속에서 좀 더 보듬음을 받았어야 하는 나의 유년 시절 모습과 또 마주치게 되리라 생각한다. 그런 날이 온다면 앞으로는 내 안의 상처와 마주하는 일을 피하지 않을 것이다. 오롯이 나 자신과 마주하고 아픔과 슬픔을 감추기보단 드러냄으로써 이전보다는 단단하고 성숙한, 그래서 덜 연약한(vulnerable) 내가 될 것이다.

지금의 내 글은 나를 객관적으로 바라봐 주기 위함이다. 혼자 끙끙 앓던 내 유년 시절의 모습도, 열정적이지만 성공과 실패를 경험한 이십 대의 나도, 육아와 일에 허둥대지만, 내면이 성장한 삼십 대 현재의 나도, 감정적이지 않게 내 모습 그대로를 보듬고 인정하는 것의 의미를 알아가기 위해.

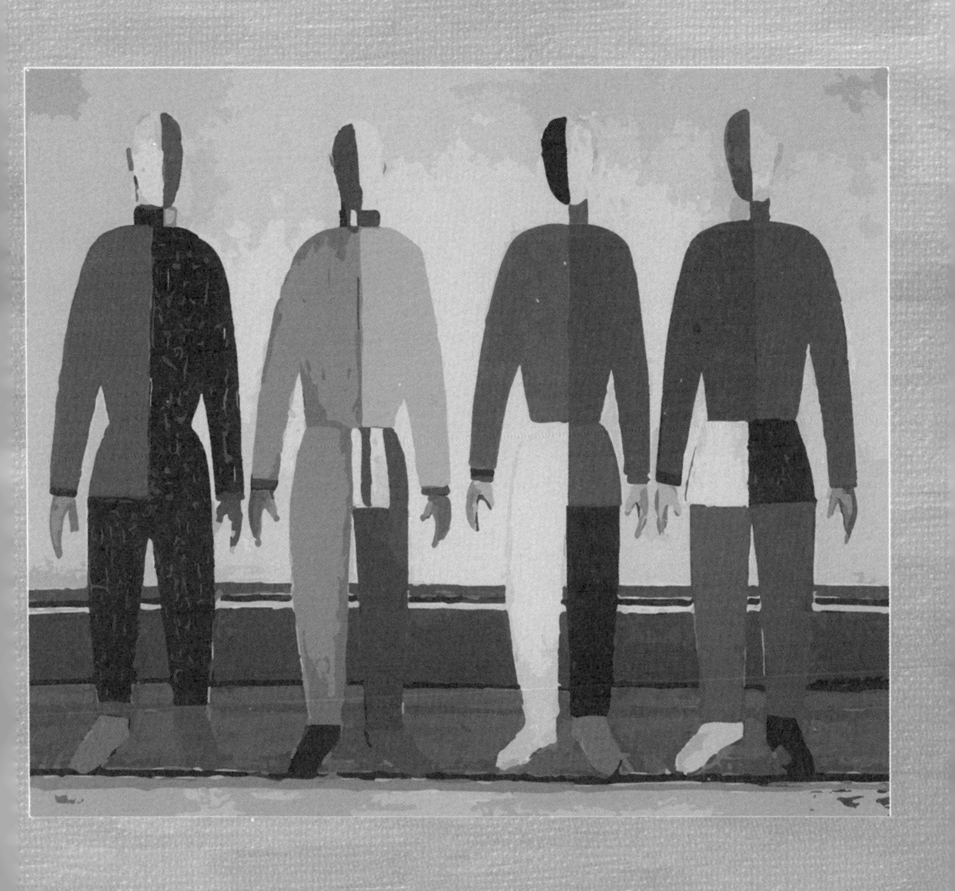

카지미르 말레비치, 〈운동선수〉, 1928년작

앞으로 나아가거나,
뒤로 물러서거나

작가 김선형

작가 김선형

세상을 조금 더 따뜻하게,

조금 더 사람 냄새 가득한 곳으로,

감정적인 공감을 가지되, 이성적 판단이 양심을 거스르지 않는 사회로,

저자 자신 또한 그렇게 나아가려 노력하며

세상을 변화시키고자 힘을 보태고 있는

대한민국의 청년이다.

모두에게 권리가 주어진 만큼,

그 의무도 다하는 것이

진정 옳은 세상임을 생각하고, 말하며, 읽고, 쓰고 있다.

행동으로 실천하는 사람들이 사는 세상을 꿈꾸며,

하루에 한 단어씩, 한 문장씩,

그런 마음으로 글을 쓰고, 세상을 바꾸고 있는

낭만 Free writer, 김선형 작가다.

Email : yongrak88@naver.com

어이 박형, 시원하게 한번 울어줘!

Bipolar disorder

의학적 용어인 병명으로는 양극성 전동장애, 보통 사람들이 이야기하는 조울증입니다. 제가 앓고 있는 지병 중 하나이기도 합니다. 어느새 대한민국의 18%의 인구가 우울증을 겪어 본 적이 있고, 화병이라 불리는 증상의 병은 무려 55%가 가지고 있다는 통계가 나올 정도로, 이 나라는 감정을 억누르기만 하지 풀어내는 것에는 익숙지 않은 사람들이 많은 사회가 되어버렸습니다. 그런데도 사람들은 정신의학 쪽의 질병을 치료하는 것에 아직 그다지 익숙하지만은 않습니다.

왜냐하면 대한민국 사회의 사람들은 자기 자신의 감정 해소보다는, 사회의 이목에 끌리는, 즉 정신병이라는 질병을 앓고 있다는 약점을 사회에 드러내고 싶어 하지 않기 때문입니다. 이렇다 보니 전 국민의 대다수가 슬픔의 늪에서 헤어 나오기 힘든 지경입니다. 매년 나이별 사망자 중에서, 40대 이하 사망자의 무려 50% 이상이 자살했다는 통계가 나올 정도로 각자가 각자의 인생을 책임지지 못하고 삶을 비관하여 이 세상을 허무하게 떠나 버리는 게 바로 그 증거지요.

정말 꽃다운 청춘의 나이를 안고 있는 20, 30대의 청년들이, 자신의 감정을 미처 쏟아낼 곳을 찾지 못해 결국 극단적인 선택을 하고 만다는 건 솔직히 정상적인 모습이 아닐 겁니다. 대중들의 사랑을 한 몸에 받던, 정말 찬란하게 빛이 나던 영혼들도 이 세상을 포기하고 떠나가 버렸습니다.

도대체 왜!

우리는 이토록 참담한 일을 손 놓고 구경만 하고 있어야 하는 걸까요? 물음을 던지는 와중에, 이 노래를 발견했습니다.

마미손의 별의 노래.

사실 개인적으로는 래퍼들을 그다지 좋아하지도 않고, 힙합이라는 것에 굉장히 부정적인 시선이 많았던 터라 이런 부류의 음악을 평소에 즐겨듣지는 않았습니다. 그래서 친구가 처음에 꼭 들어보라고 했을 때는 그냥 시큰둥했습니다. 그런데 제가 초등학교 시절, 정말 신선한 충격을 받았고 좋아했던 천재 바이올리니스트 유진박이 특별히 참여했다는 이야기를 듣고(그 시절 유진박 1집을 사달라고 부모님께 떼를 쓰기까지 했었습니다.) 이 노래를 한 번 정도는 들어보고 싶어졌습니다. 바이올리니스트와 래퍼의 협업이라니, 그 조합만으로도 이미 흥미가 돋아나는데, 그것도 20세기 말 최고의 천재라 불리던 이가 B급 감성을 콘셉트로 활동하는 마미손과 협업을 했다니 더욱 궁금해졌습니다.

넌 지금 슬프다.
그건 슬픔의 요정이 네 눈꺼풀 위에
아주 고약한 슬픔 가루를 뿌려서 그런 거야
전설에 따르면 저 별에 닿을 정도의
높은 울음만이 가루를 씻어낼 눈물을 만든다더군
근데 넌 왜 울지를 못하니!
왜 슬픈데 울지를 못하니!
야! 그거 다 병이야!

그 독백의 가사가, 정말 가슴에 깊숙이 박혀있는 감정의 파편을 끌어올리는 수준이었습니다. 눈물을 흘리는 것에 대해 굉장히 창피하다고 생각하고, 슬픔을 계속 품고 살아가다가 결국 우울증이 발병되는 현 시대상을 잘 표현했다는 생각을 했습니다.

우리는 정말 어릴 때부터, 슬픔과 같은 안 좋은 감정들 아니 어떤 감정이라도 시원하게 풀어내는 법을 잘 배우지 못했습니다. 항상 사람들이 있는 곳에서는 웃거나 울거나 화내거나 하는 감정의 표현법을 제한하는 걸 먼저 배우곤 하죠. 감정의 편린을 추스르는 법을 교육받지 못한 대중들에게, 먼저 마음속에 깊숙이 남겨져 있는 슬픔을 씻어낼 눈물을 먼저 만들어 내라는 시작의 가사.

충격은 거기서 다 하지 않습니다. EDM과 테크노 뽕짝 속에서 내뱉은 나지막한 랩. 전혀 어울리지 않을 것 같은 그 세 가지에 더해, 유진박의 바이올린과 오케스트라와 성악의 아리아까지 무려 6가지 음악이 한 군데 모였는데, 전혀 어울리지 않을 것 같은 조합이, 사람들의 귀를 끌어당기게 하는 무언가를 만들어 냅니다. 그리고 듣는 내내 전율을 일게 하면서 클라이맥스 부분, "어이 박형, 시원하게 한번 울어줘!"에서 나오는 유진박의 등장과 함께 완전히 터집니다.

정말 악기로 운다는 표현이 어울릴 정도로 모든 것을 쏟아내는 듯이 폭주하는 유진박의 단독 연주가 이어지죠.

유진박은 먼저 소개한 바처럼 20세기 말, 대한민국 최고의 음악천재로 이름을 날렸던 사람입니다. 그냥 평범한 바이올리니스트가 아닌, 대중의 곁에 전기 바이올린과 네오클래식이라는 장르를 인식시켜준 사람이기도 합니다. 그 당시 유진박의 명성이 어느 정도였냐면, 무려 마이클 잭슨과의 콜라보를 할 정도의 대중성을 지녔고, 하버드에서도 입학 제의가 들어올 정도의 천재였습니다. 그런 천재가 세계 유수의 많은 제의를 뿌리치고 아버지와 어머니의 조국인 대한민국을 선택한 건 정말 대단한 일이 아닐 수 없습니다. 그러나 그렇게 수많은 명성을 뒤로 하고 도착한 조국 대한민국은, 유진박이 가지고 있는 열정과 재능을 제대로 받아드리기엔 시기가 좋지 않았습니다. 양극성 전동장애, 조울증을 심각하게 앓고 있던 유진박을 그저 돈벌이 수단으로 이용해 수없이 많은 무대에 혹사시켜서 결국엔 그

찬란하게 빛나던 재능을 빛바래게 만들어 버리기까지 했죠. 그리고 다큐멘터리에 나온 것처럼 그를 한 명의 인격체가 아닌 한 명의 행사하는 노예로 전락시켜 버리게 하죠.

그런 유진박의 이야기를 모르는 사람들도 모두 전율하게 만든 클라이맥스 부분의 단독연주. 더욱이 놀라운 것은 이 독연 장면이 가이드 음을 딱 한 번 들은 유진박의 즉흥연주를 바탕으로 만들어진 공연이라는 겁니다. 천재는 시대의 질투를 이겨내지 못해 사그라들더라도 자신이 가지고 있는 천재성은 잊지 않고 간직하고 있다는 걸 다시 한번 깨달았습니다. 수많은 사람이 그의 실력이 떨어짐을 비난하고, 욕하고, 그리고 종국에는 그를 잊어버리기까지 했지만, 그럼에도 불구하고 그는 살아있고 이렇게 멋진 연주를 우리에게 들려주었으니까요.

우리 역시 마찬가지가 아닐까요? 그가 감정의 편린 속에서 자유롭지 못했던 것처럼 우리 역시 그렇습니다. 그러나 유진박은 그 감정의 편린 속에서도 다시금 일어설 수 있었습니다. 웃고 울고 화나고 괴로워하는 그 감정의 털어냄이 있었기에 가능했던 겁니다. 절망하고 괴로워하기만 한다면 그 감정은 우리를 계속해서 괴롭히기 마련입니다. 어떻게든 그 감정이 우리의 것이라는 걸 인정하고 털어낼 수 있어야 합니다. 우는 것 역시 마찬가지입니다. 울고 싶을 때 마음껏 울 수 있다는 것. 웃고 싶을 때 마음껏 웃을 수 있다는 것!

이제는 안으로만 삭이지 말고, 털어내야 합니다. 완전히 털어내야 감정의 괴롭힘에서 자유로워질 수 있습니다. 감정에 휩싸여 정말 중요한 선택을 날려버리게 되는 건, 그 감정을 인식하지 못하고 인정하지 못하고 털어내지 못해서 그런 겁니다. 진정 우리가 원하는 곳으로, 목표한 곳으로 도달하기 위해선 이 감정 역시 우리의 일부분이라는 걸 항상 안고 가야 합니다. 우리는 사람입니다. 아무리 이성적으로 생각하려 해도, 체의 본능과 심의 감정이 우리 영혼의 기가 아무리 봐도 이성적인 선택을 하지 못하게 막습니다. 심기체가 하나로 이루어진 의지가 우리를 이끄는 원동력입니다.

오늘, 마음속에서 잠자고 있던 감정을 분출해, 시원하게 한 번 울어주세요. 남들의 시선이 신경 쓰이신다면, 자신만의 공간에서 여러 가지 방법으로 마음껏 분출하세요. 저처럼 이렇게 글을 쓰는 것도 좋습니다. 아니면 음악을 듣는 것도 좋습니다. 세상에 혼자가 된 것처럼 외로운 일은 없지만, 세상에 혼자가 되는 그것만큼 자유로운 일도 없습니다. 진정 자유롭게, 여러분의 마음속에 울리는 울림을 오늘만큼은 풀어내 보는 것이 어떨까 생각합니다.

"어이 우리, 오늘 시원하게 한번 울어보자고!"

Why so serious?

왜 이리 심각해? 이 대사는 제가 정말 재미있게 본 영화 〈다크 나이트〉에서 극 중 악역, 빌런이라고 불리는 조커가 내뱉는 대사입니다. 왜 이리 심각해, 맞습니다. 우리는 너무나 심각한 사회 속에서, 웃음을 잃고 살아가고 있습니다. 울음을 잃고, 웃음을 잃고, 진정한 나 자신을 드러내는 걸 잃고 살아가고 있습니다. 감정을 잃어버린 채, 그저 살아가기에 아니 살아남기에만 바쁜 자기 자신을 잃어버린 인형들. 그래서 저는 그것을 너무나 잘 표현한 영화이자, "why so serious"를 외쳤던, 그 조커(물론 두 영화에서 나오는 조커는 다른 인물이라 봐도 무방하지만)를 통해 우리를 가둬두고 있는 사회의 틀 안에서 진정한 우리의 모습을 이 앞에 끌어내고자 합니다.

극 중 조커로 분하게 되는 아서 플렉은 사람들을 웃기는 광대의 직업을 가지고 있지만, 정작 자신은 다른 누군가의 감정과도 공유하지 못하고 시도 때도 없이 웃음을 흘리곤 합니다. 그는 불우한 가정환경과 불우한 사회환경으로 인해 생긴 자신의 질병을 전혀 치료하지 못합니다. 원인도 모를뿐더러, 그에게는 그 질병이 왜 자신에게 찾아왔는지에 대해서 생각할 여유조차 없습니다. 물론, 조커의 주인공 아서가 아무리 안 좋은 환경에 있었다고 한들, 그가 영화상에서 보여준 것은 결국 누구에게도 용서받지 못할 범죄고 절대로 그와 같은 극단적인 선택을 해선 안 된다는 겁니다.

실제 존재하는 질병이자, 감정을 조절하지 못하는 뇌 병변 질환 중 하나인 웃기지 않아도 웃음이 나는 병 감정실금(Emotional incontinence). 물론 아서에게는 그 외에도 여러 가지 정신질환이 있지만, 저는 이 질병에 우리 현대인들의 모습을 투영해 봤습니다. 어쩌면 우리는 또 다른 아서 플렉의 모습을 하고 있는지도 모릅니다. 웃고 싶을 때 마음껏 웃지 못하고, 울고 싶을 때 역시 울음을 참아내고 아무렇지 않은 척 살아가야 합니다. 마치 우리가 불안정한 사회에서 우리의 감정을 숨긴 채 하나의 가면을 쓰고 살아가는 것처럼. 아서가 광대분장을 뒤집어쓰고 자신의 속내를 숨긴 채 자신을 제외한 다른 이들에게는 우스꽝스러운 모습을 보이는 것과 같습니다. 그러나 그 속내엔 억눌려진 본성이 있습니다. 억눌려 있는 감정이 있습니다. 우리는 이 점을 주목해야 합니다.

아서는 그저 고담시에서 지원해주는 작은 복지혜택(정신질환자에게 무료로 제공되는 정신상담과 처방전)으로 자신의 질병이 악화만 되지 않길 바라고 있습니다. 아니, 어쩌면 극 중 아서는 자신에게 주어진 악영향들을 그냥 방치하고 놔둘 뿐, 그것을 이겨낼 희망조차 잃어버렸는지도 모릅니다. 그것을 암시하는 대사는 극 중 초반 아서가 가지고 다니는 노트에서 발견할 수 있습니다.

내 죽음이 삶보다 '가취'있기를.

(I just hope my death makes more cents than my life.)

뭔가 이상한 점이 있죠? 영화 내 번역에서는 '가취'로 번역한 부분입니다. 전 조금 다르게 해석해봤는데요. 내 죽음이 삶보다 가치 있기를 바란다는 more sense 부분을, 교묘하게 more cents 라는 표현, 즉 내 죽음은 삶보다 겨우 1 센츠 만큼의 효용이 있을 거라 해석해 볼 수 있다는 거죠. 하나의 언어유희라고 볼 수 있는 이 문구는, 그냥 코미디언 지망생인 아서가 자신의 죽음조차 자신의 삶보다 더 나을게 없다는 의미로 적은 게 아닐까 합니다. 그리고 영화 내내, 아서는 자신이 죽어도 좋다는 의미에서인지 자신을 포기함을 암시하는 여러 가지 동작들을 보이곤 합니다. 자신의 관자놀이에 스스로 총을 겨누기도 하고, 자신에게 닥쳐오는 절망적인 순간들에서 마다 발작하게 되는 모습에서 말이죠. 그러나 한 가지 알아야 하는 것은, 그렇게 자기 자신을 가두고 자기 자신을 지우고 싶다고 감정을 속일수록 그건 점점 더 큰 멍울로 다가온다는 것입니다.

대한민국에는 '화병'이라는 신기한 병이 있습니다. 한때는 해외 유명학술지에도 등록되고, 하나의 질병으로 정식인정 될 정도로 심각성이 인정되었습니다. 현재는 질병분류에 의해 하나의 질병으로 분석되고 있진 않지만, 그래도 여전히 그 심각성에는 우려와 적극적인 치료를 권장하고 있습니다. 주로 감정을 억누르다가 발병하는 우울증의 일종으로 그냥 단순한 병이라고 생각할 수 있겠습니다만, 이 화병은 조금 심각할 정도로 대중화되어 있다는 것이 문제입니다. 말하자면, 대한민국에는 수많은 이들이 아서와 같이 가면 아래 가두고 감정을 숨긴 채 살아가는 것을 당연시 여긴다는 겁니다. 다들 참고 살아가니, 나도 참아야겠다는 사회적 공감 본능이 그 원인이라 여기는 학술지도 찾아볼 수 있을 정도입니다.

그렇다면, 과연 이렇게 자신의 감정을 일부러 없는 척 살아가는 게 과연 옳은 걸까요? 우리는 왜 마음 놓고 웃지 못하는 걸까요? 왜 이런 심각함 속에 우리를 가두며 살아가야 하는 걸까요? 왜 잠재적인 조커를 우리 안에 놔둔 채 살아가고 있는 걸까요?

이 모든 질문의 답은 아주 간단합니다. 먼저 이야기 한 것과 일맥상통합니다. 감정을 분출할 나만의 수단이 필요합니다. 그리고 때론 사회 속에서도 참지 말고 분출할 필요가 있습니다. 삭혀두었다 조커 영화의 아서와 같은 '돌이킬 수 없음'을 겪는 것보다야, 순간순간의 감정을 안에서 삭이지 말고 밖에 내보일 필요성이 있습니다. 이에 대해, 요즘 제가 인터넷에서 보고 포복절도를 한 웃긴 4행시를 하나 보여드립니다.

역으로

지랄해야

사람은

지가 뭘 잘못했는지 안다.

물론 그렇다고 항상 역으로 날 선 태도를 유지하고 보여줄 필요까진 없습니다. 대신 단 한 가지를 명심할 필요성이 있습니다. 바로, 자기 자신을 사랑할 것.

조커 영화에서 아서는 철저히 자기 자신을 부정하고자 했습니다. 결코 자기 자신을 사랑하지 않고, 자기 안에 있는 본성을 향해 항상 부정하고 자신은 그와 같은 사람이 아니라고 생각했죠. 그 결과 과대망상이라는 정신 질병이 더 발병하게 되었고, 자기 자신이 이겨내려는 본성보다는 타인에게 의지하고 타인에게 답을 찾으려는 태도를 갖게 되었습니다.

그건 결코 답이 아닙니다.

세상은 나로 인해 존재하는 것입니다. 내가 없이는 세상도 존재할 수 없습니다. 나 자신을, 나라는 존재를 드넓은 우주 속에서 한 톨의 먼지만도 못한 존재라고 스스로 격하하여 믿지 마세요. 내 안의 자아가 존재하는 한, 세상은 나로부터 시작됨을 잊지 마시길 바랍니다. 나라는 존재가 존재가치를 잃는 순간, 나의 세상은 무너집니다. 세상이 나를 버린 것 같고, 사회가 나를 구속하는 것 같을 때, 그리고 내 안의 감정들이 도저히 참기 힘들 때. 그럴 때, 너무 심각해지지 말고 한번 세상을 향해 웃어봅시다. 우리 본연의 모습을 떠올리면서, 우리 본연의 감정을 배제하지 않고서. 그게 나를 사랑하는 가장 기본적인 방법일 테니까요.

마음껏, 힘껏 사랑하세요

지금 마음껏 사랑을 하고, 마음껏 살아가고 계신가요?

이번엔 제 이야기를 잠깐 해볼까 합니다. 제가 살아오면서 했던 사랑들에 대하여, 제가 사랑하면서 살아왔던 이야기에 대하여. 사실 세상 사람들이 말하는 사랑인, 남녀 간의 애정과 연애 감정에 대한 열정적인 사랑은 저와는 조금 거리가 있습니다. 그런 사랑이 존재는 했었나 싶을 정도로 먼 옛날에 그런 사랑을 했었다는 짧은 기억만이 남아있기 때문이지요. 생애 단 한번, 통상적으로 연애라 불리며 사랑이라고 부르기도 애매할 정도의 풋내기의 사랑, 애송이의 사랑. 갓 100일이 지나고 150일을 향해가던 중 사그라 버린 사랑.

하지만 그 4달여의 순간이 소중한 것은, 제 생애에 단 한 번뿐이었던 다른 사람과의 감정교류였기 때문입니다. 다른 이들과 똑같이 기념일을 챙기고, 이게 사랑인지 아닌지 자각하지 못한 상태에서 스킨십을 하고, 서로에게 좋아한다 고백하지만 진짜 사랑인지는 애매한 그런 첫 연애의 풋풋하지만 어색했던 기억들. 하지만 다른 이들과 별

반 다를 바 없었던 연애의 경험은, 제겐 그리 아름다웠던 기억으로는 남아있지 않는 듯합니다. 좋은 기억보다는, 짧았던 연애의 기쁨보다는 헤어질 때의 슬픔이 더 심해서 그랬을까요.

갑자기 헤어짐이 결정된 여자친구의 소식을, 그것도 갑자기 듣게 된 후로 화가 나서 헤어지자 전한 아픔. 그리고는 제대로 된 이별의 순간도 겪지 못한 채, 돌아서는 마지막 뒷모습을 보면서 “잘가”라는 짧은 말도 건네지 못했던 그 당시 기억이 납니다. 그때는 왜 이리 어렸었는지, 가끔 그때 그 친구와 대화를 나눌 때면 함께 웃으면서 그땐 우리 둘다 참 어렸었다고 이야기하기도 했습니다.

첫 연애의 기억을 그렇게 보낸 후, 일상적으로 만난 사람은 몇 번 더 있었습니다. 소개를 받기도 하고, 자연스럽게 인간관계를 겪으면서 여러 사람들을 만나왔지요. 그러나 첫 연애의 감정이 아팠기에 그런 것일까, 아니면 제 자신에게 자신이 없었기 때문일까요. 계속 연애라는 시작, 아니 사랑이라는 감정이 시작된 적은 없었던 것 같습니다. 제가 자격지심을 가지고 있었던 것도 그 이유겠지요. 첫 연애 때 역시, 다른 이들에게 보여주기 위한 모습을 많이 연출하려 했습니다. 연애란 결과물에 도달한 적은 생애 단 한 번이었지만 그 모습 또한 진짜 사랑의 모습은 아니었던 거죠.

그런 의미에서 제 일생일대의 사랑을 놓고 본다면, 아직 저는 소위 모태솔로라고 볼 수도 있겠습니다. 진짜 사랑은 아직 단 한 번도 이루어진 적이 없으니까요. 항상 반쪽의 사랑, 짝사랑만을 반복해 왔습니다. 첫 연애도 사실 그때 홀로 좋아하던 다른 사람이 있었는데, 그 사람이 제 친구와 사귀는 모습을 보고 화가 나서 나름 친하게 지내던 그 사람의 친구에게 고백을 한 것이었어요. 사실 그 친구에게는 정말 미안한 일이죠. 거의 5년여를 친구 사이로 친하게 지냈던 사이였는데, 그렇게 고백을 하고 사귀게 되었으니 금방 헤어지게 되는 건 당연한 일이었고, 아예 연락도 서먹서먹하게 된 그런 사이가 된 채 깨져 버렸으니 말이에요.

지금 생각해보면 참 바보 같은 첫사랑이었고, 멍청이같이 우정을 버린 꼴이 되어버렸습니다. 그때의 두려움 때문에 아직까지 짝사랑에만 빠져 사는지도 모르겠습니다. 그런 의미에서 저는 아직 그 '사랑(남녀 사이의 연애 감정)'에 대해선 잘 모릅니다. 그래서인지, 그 '사랑'의 모습이 아닌 다른 '사랑'의 모습에 대해선 정말 많은 생각을 해봤습니다. 그리고 내린 결론은,

"사랑은 마음이 마음에게 전해지는 것,
그리고 종국에는 마음과 마음이 닿기를 바라는 것."

우리가 누군가를 사랑한다 여길 때, 자신의 마음이 그 사람의 마음에 전해지길 바랍니다. 그 형태는 어떤 형태든 모두 사랑의 모습이

됩니다. 부모가 자식에게 마음으로 다가가길 바라는 것, 선생님과 제자 사이의 마음이 전해지는 것, 또 친구와 우정의 마음이 전해지는 것 모두가 말이죠. 제가 믿고 있는 신의 사랑 역시 마찬가지 아닐까 합니다.

주께서 가지고 계신 무한한 사랑의 마음이, 우리의 마음에 각각 전해지는 모양들이 모두 사랑이라는 것을요. 저는 사랑이란 감정은 모두가 신에게서 태어날 때부터 받는다고 생각했습니다. 누군가 태어나기 위해서는 두 사람의 남녀가 만나 사랑의 결실이 있었기 때문이니까요. 그리고 혹여 사랑의 결실이 아닌 정자와 난자의 그냥 만남이라 할지라도, 그 두 세포의 만남에는 위대한 신의 계획이 깃들어 있음을 믿습니다. 그리고 태아가 뱃속에서 10달간 어머니의 사랑을 받지 않고서는 태어날 수 없는 것처럼, 우리는 모두 태어날 때부터 사랑의 모습을, 사랑의 감정을 안고 있습니다.

그러나 개개인 사람의 모습이 모두가 다른 것처럼, 사랑도 모두 다른 형태를 가지고 있습니다. 무조건 헌신적인 사랑, 연애 감정의 밀고 당기는 달달한 사랑, 대상의 지식을 탐구하며 삶의 진리를 추구하는 사랑, 대상에 대하여 모든 것을 소유하고픈 사랑, 등등.

허나 모든 사랑의 모습이 달라도 그 사랑의 원천은 자기 자신에게 있음을 알아야 합니다. 우리 자신이 가지고 있는 마음의 모습에, 우리가 상상하는 미래에 가진 마음의 모습이 겹쳐지고 닿기를 바라는 것. 결국 과거에 있던 지난 마음, 현재에 흐르고 있는 지나가는 마음, 그리고 미래에 우리가 결국엔 도달할 그 목표에 있는 마음이 모두 하나로 겹쳐져 하나가 되어가는 순간이야 말로 우리가 우리 자신을 사랑하게 되는 결과에 도달하는 것이죠.

저는 수많은 짝사랑을 했습니다. 비단 연애 감정뿐만 아니라, 제게는 마음이 닿고 싶은 존재들이 많았던 것 같아요. 그 존재가 결코 사람이 아니었을 때도 있고, 정말 아름다웠던 사람이었던 적도 있습니다. 여전히 그렇게 사랑하고 있는 사람이 있기도 합니다. 정말 닿고 싶은 곳에, 그 사랑이 닿기를 여전히 간절히 바랍니다. 그걸 뜻하는 단어가 하나 있죠.

염원.

염원하는 마음이 정녕 마음에게 전해질 때, 그리고 그 마음과 마음이 서로 마주 닿을 때.

그때, 아름다운 사랑의 결정은 이루어지는 것이겠죠. 어떠한 형태로든 말이에요. 글을 쓰면서 하루 종일 사랑에 대한 생각을 했더니, 진정한 사랑이 하고 싶어지는 밤입니다. 일단 제 자신부터 사랑하면서, 저를 사랑해 줄 누군가를 만나 서로 사랑하고, 서로의 사랑 속에 서로를 확인할 수 있는 그런 이상적인 사랑의 모습을 말이에요. 이렇게 쓰고 보니 어쩌면 제 꿈이고, 우리 모두의 꿈이 아닐까 생각합니다.

우리의 안에 부터 시작되는 사랑이, 점점 그 크기를 키워 나가 제 주변에 사랑이 넘칠 때. 우리가 진정 사랑하는 사람과 우리 자신에게도 그 사랑이 닿기를 바랍니다. 그렇게 사랑이 우리 안에 새겨질 때, 우리의 삶은 우리 마음대로 변화되리라 믿습니다.

모든 답을 향해 한 걸음 내딛을 용기

앞서, 우리는 우리 스스로가 자신으로 존재할 수 있게 하는 두 가지 질문에 대해서 알아봤습니다.

첫째는 왜 마음껏 울고 웃지 못하나, 둘째는 왜 마음껏 사랑하고 살지 못하나.

이 세 가지 질문에 공통적으로 들어가는 키워드는 두 가지입니다. 하나는 마음껏 이고, 하나는 우리의 감정들에 대해서 이야기하고 있습니다. 여기까지 글을 읽은 우리는 이제 기꺼이 세 질문에 대한 답을 아주 쉽게 내릴 수 있습니다.

마음껏 우리의 감정을 세상에 드러내서 털어놓자.

하지만 감정을 기꺼이 내보이는 것은, 그것이 좋은 감정이건 나쁜 감정이건 사랑이건 미움이건 간에 상당히 현실적으로 제약을 받기 마련입니다. 그래서 최종 장의 내용은 우리가 찾은 이 세 가지 질문들에 대한 실질적인 답에 대해서 이야기할까 합니다. 바로, 이 모든 답들을 향해 내딛을 작은 용기에 대해서 말이죠.

2020년 한해는 마음을 다스리기 쉽지 않은 한해였습니다. 세상에 상처 하나 없이 살아가는 사람은 한 사람도 없겠지만, 올해는 특히 그 상처가 심각해졌습니다. 코로나로 한해의 살림 전체가 마비되었을 뿐만 아니라 제가 강조하는 마음껏 드러낼 수 있는 시간적, 공간적인 요소가 원체 나오지 않았습니다. 계속 움츠러들게 되고, 그러니 계속 상처가 내 안에 파고들어 아픈 상처를 드러내어 소독시키는 것이 아니라 오히려 곪아버리게, 썩어버리게 만들어 버렸습니다. 그 결과, 2020년 한해는 스스로 삶을 포기한 인원이 무려 18977명(한국통계청 기준)으로, 대한민국 건국 이래 사상 처음으로 교통사고 사망자를 넘어설 정도였습니다. 그만큼 올해는 사람들이 포기를 많이 했더랍니다. 웃음도, 울음도, 사랑도, 삶도, 그 모든 것들을 어떻게 답을 내기보다는 도리어 그것을 회피하고 도망치는 것에 익숙해진 사람들이 늘어가고 있는 것만 같았습니다. 그래서 더욱 우리에겐 용기가 필요했지만, 우리는 그 용기를 낼 엄두조차 못 내고 그냥 버텨내기만 했습니다. 정말 최악인 한해를 버텨왔기에, 그렇기에 우리는 더더욱이 '상처를 드러내어 치료할' 용기를 가질 필요성이 있습니다.

사실 사람들은 자신의 상처가 얼마나 큰지, 다른 이들의 상처가 얼마나 큰지를 따지고 들려 하지 않습니다. 사실 상처가 난 자신을 제외한 다른 사람들은 아무도 그 상처가 심각한지 알지 못합니다. 때로는 본인 스스로도 그 상처를 모를 때가 많습니다. 그래서 이 상처를 드러낸다는 것이 얼마나 큰 용기가 필요한지, 사람들은 알지 못합니다. 그저 상처가 약점이 되어 자신을 찌를 하나의 치명적인 단점이고 나쁜 것이라고만 생각할 뿐이죠. 그러나 그럴수록 우리는 상처를 드러내야 합니다. 우리의 감정을 드러내야 합니다. 더불어 우리에겐 이것들을 이겨내어(아니 이겨낸다는 표현보다는 버텨낸다는 표현이 옳겠지요), 우리 스스로의 답을 향해 나아갈 용기가 필요한 것입니다. 대부분의 사람들은 그런 상처 난 자신을 바꾸고 싶어 합니다. 상처 난 자신을 부정하고, 그 상처를 덮어주고 변화시킬 무언가 인생의 계기를 찾기를 바랍니다.

하지만 전 인생은 바꾸는 것이 아니라고 감히 말해볼까 합니다.

한 사람의 인생은 운명으로 정해져 있는 것이 아니라, 스스로 만들어 가는 것입니다. 그렇기에 변화하거나 바꾸는 것이 아니라, 스스로가 정한 답을 향해 나아가는 것이 바로 인생입니다. 다만 그 답을 찾는 것이 정말 어려울 뿐입니다.

자신의 답을 찾아 끝까지 자신의 길의 끝에 도달하는 자. 그런 사람이야 말로 자신의 인생을 바꾼 게 아닌, 자기 자신의 인생을 만들어간 운명 같은 삶이 아닐까요?

때론 답을 찾는 것을 포기하고, 두려워 떨다가 주저앉다가 종국에는 도망칠지도 모릅니다. 그러나 가만히 안에 담아두기만 하는 것은 결코 정답이 아닙니다. 결국 진짜 답은 우리 자신에게 있고, 선택은 우리 자신만이 할 수 있는 결정입니다. 우리 자신의 운명은, 우리 스스로가 개척해 나가야 합니다.

폴 세잔, <사과와 오렌지>, 1900년작

결국
우리는 따뜻한 곳으로
돌아온다

작가 김미르

"뜨거운 햇볕 아래에선 아무리 멋진 외투도 짐이 될 뿐이고,

입기 싫은 넝마 같은 외투라도 찬 바람 속에서는 소중한 온기가 된다.

외투의 필요는 자신이 경험하는 환경에 따라 바뀌기 마련이며,

스스로 벗고 입는 것은 오롯이 여행자 자신의 선택이다."

-우화 '해와 바람'에 대하여

"북소리는 생명의 진동이며, 깨어남의 울림이다."

1991년 10월 전라북도 남원 출생.

11살 무렵, 처음 보는 상모 놀음에 홀린 듯 농악 판에 뛰어들면서

전통 북과 운명적으로 만났다.

누구든지 일단 두드리면 흥겨워지는 북의 특성은

다양한 현장 속에서 사람들의 마음을 열 수 있도록 도와주었다.

"내면에 있는 모든 것을 표현하며 허용하라."

삶은 내면으로 향하는 여행이고,
그 길은 모든 사람에게 펼쳐져 있다고 말하는 저자는,
다양한 무대와 교육 현장을 경험하면서
사람들이 본연의 자신을 잃고, 자기표현의 방법을 잊은 채,
세상의 기준에 억눌려 고통받고 있음을 느끼게 되었다.
참되고 아름다운 자신은 언제나 내면 깊은 곳에 존재하고 있기에,
각자의 개성이 삶에서 온전히 발현되고, 마음이 기쁘게 춤추기를
바라고 있다.

세계 각국에는 그 시대에 맞는 샤먼(Shaman)들의 치유 문화가 존재하고,
한국의 전통적인 치유 예술과 문화 또한
더 이상 종교나 미신의 형태로 볼 것이 아니기에,
문화 원형을 살려낸 통합예술로의 접근이 필요하다고 생각하며,
고유 한국의 예술을 통한 치유 과정을 연구하고 있다.

표현하지 못했던 내면의 모습을 완전히 드러냄으로써
진정한 통합의 치유 과정은 시작된다.
만나는 이들의 심신을 두드리고 풀어내고, 마음의 평화를 나누는
21세기 샤먼(Shaman)으로 성장하는 것이 그녀의 진실한 마음이고,
꿈이다.

Email : artist_mir@naver.com

해와 바람 그리고 우리

'살다 보면 지칠 때가 온다.
분명 어제와 똑같은 아침인데도 불행한 아침이 가끔 찾아온다. 눈은 떴음에도 살아있는지 모르겠고, 할 일은 분명 많은데 아무것도 하고 싶지 않은 그런 날 말이다. 천장을 멍하니 바라보고 있자니 지금 당장 해야 할 일들이 눈앞에 아른거린다. 오늘 하루도 뻔하다. 침대에서 일어나는 순간부터 다시 이곳에 드러누울 순간까지의 모든 일정이 뻔하다. 두근거림이 설렘이 아닌지는 이미 오래되었고, 오늘도 행여 뭐라도 일이 틀어질까 싶어 걱정하고 염려하는 것이 요즘 하게 되는 생각의 전부다. 푸석푸석하다. 재미없고 지겨운 일들이 지속되는 이 하루의 시작이 너무나 건조하고 따갑다.'

우리 하루는 매일 새롭게 시작되는 24시 단거리 여행이다.

어디로 떠나든 떠나고 싶지 않든 일단 눈뜨면 시작되는 그런 여행. 매일 아침 어디를 가야 할 지, 무엇을 해야 할지 고민하고 계획하고 실행하는 일정들이 이미 가득 찬 여행. 그런데 뭔가 여행이라고 하기에 새로운 것이 많지는 않다. 일어나는 침대도 같은 침대고, 보이는 바깥 풍경들, 걷는 거리, 먹는 음식도 다 거기서 거기다. 어제 본 사람을 오늘도 보고, 내일도 또 본다.

'하나도 새롭고 즐겁지 않은데 이게 무슨 여행인가'

매번 찾아오는 아침의 불행은 힘겹게 떠야 하는 눈꺼풀처럼 무겁고

침침하다. 우리의 일상이 불행하다 느끼는 이유는 대부분 비슷한 이유가 아닐까.

'오늘의 여행이 어제와 똑같은 여정이라는 것'

사실 당연한 듯 반복되는 일상에도 새로운 변화들은 매 순간 일어나고 있다.

"같은 강물에 두 번 들어갈 수 없다"라는 고대 그리스 사상가 헤라클레이토스의 말처럼 오늘의 하루는 다시 경험할 수 없는 오늘뿐인 하루다. 순간마다 변칙적인 일상 위를 떠다니면서도 우리는 충분한 평화를 누리며 살고 있다. 항상 그대로인 듯 보이는 세계 속에서 영원한 매일을 예상하면서 말이다. 하지만 매일 덤덤하게 느껴졌던 하루는 작은 불편과 문제 하나만으로도 깨어지고, 무너지기 쉽다. 그때서야 평탄했던 일상들이 새삼 얼마나 귀하고 소중한지 느끼고 경험한다.

무슨 일이 일어난 이후에야 감사함을 느낀다는 건 너무도 수동적인 감사이다. 매일 아침 가짜 불행을 느끼며 자리에서 일어나기 이전에, 감사함으로 먼저 시작하는 것은 어떨까. 감사함은 아무리 내가 끌어써도 누구도 뭐라 하지 않는 데다가, 자신이 마음을 내는 만큼 맘껏 느껴도 되는 자유까지 가지고 있다. 놀랍도록 무사히 시작되는 오늘의 아침을 감사하고 축복하자. 늪에서 깨어난 듯한 축축한 아침에는 일단 박수라도 치면서 아침을 맞이해보자. 혼잣말로나마 오늘 아침에도 두 눈을 떴음에 감사하고 감사하자. 자조적인 감사로 시작할지라도 꾸준히 반복하고 정성을 들이다 보면 언제부터인가 감사의 종소리가 내 마음에 깊게 울리기 시작할 것이다. 우리의 여행이 오늘도 안전함에 깊은 감사를 느껴보자.

감정의 날씨

해가 뜨고 진다. 바람이 불고 구름이 몰려다닌다.

창문 밖의 날씨만 그런 줄 알았는데 우리의 마음에도 해가 뜨고, 비가 내린다. 바깥 날씨만 제멋대로인 줄 알았는데, 내 마음의 날씨도 시시각각 바뀐다. 누구의 마음에는 따사로운 햇볕이 내리 쬐고, 어떤 이의 마음엔 비바람이 몰아치어 사납고 춥다. 내 마음에 해가 내리쬐는 날에는 여유로움을 만끽하지만, 가끔 이유 없이 몰아치는 비바람에는 갈 길을 잃기도 한다.

하지만 우리는 혼자가 아니다. 시시각각 바뀌는 감정의 날씨를 감당하지 못할 때는 소중한 사람의 마음으로 피신하여 쉬면 된다. 우리 마음에서 일어나는 날씨들은 서로에게 영향을 주고받는다. 감정의 폭풍이 잔뜩 몰아치는 사람 옆에 가면 안 맞을 비바람도 얻어맞지만, 햇살 가득한 사람의 마음 옆으로 가면 내 마음의 밀린 빨래들도 함께 널어 말릴 수 있다.

마음은 마음을 통해 전해지고, 서로의 감정과 상태는 열려있는 만큼 공유되고 나눠진다. 마음과 감정은 함께 나누고 더하면서 조화로움을 만든다. 우리들의 일상은 서로가 서로에게 통하기 위한 진심 어린 관심과 따뜻한 마음들로 가득 차 있다. 오늘 하루 크게 보람찬 일이 없었다 하더라도, 함께하는 소중한 사람들과 서로 존중하며 따뜻한 마음을 나눈 하루라면 사실 그 자체로 충만하고 풍요롭다.

마음 외투

우리의 따뜻한 마음은 포근한 날씨와 같은 편안함을 주지만, 날카로운 마음들은 서로의 마음에 차가운 성에를 만들어낸다. 사람 관계도 그렇다. 불편하게 느껴지는 관계들은 마음 사이사이가 벽으로 막혀 있다. 벽으로 가로막힌 찬 공간들에는 시린 에너지가 스며든다. 어렵고 불편한 관계들은 일상적인 의사소통 안에서도 부딪힘을 쉽게 만들어낸다. 관계적인 부딪힘은 부딪힘 자체로도 충분히 힘들고 불편하다. 힘든 관계에서 일어나는 충돌과 불편한 경험들은 우리 자신을 보호하게 만들며 관계의 추위에서 벗어나는 방법을 스스로 찾게 만든다.

그렇게 우리는 마음에 외투를 하나둘 입게 된다. 매 순간 급변하는 날씨의 마음들에 대비하기 위해서는 일단 무엇이라도 걸쳐야 한다. 마음이 힘들고, 초라하게 느껴질 때 우리의 마음은 도망갈 곳이 없다. 지치고 약해진 마음을 지키기 위해서는 스스로를 꽁꽁 싸매는 수밖에 없다. 마음의 외투는 좋거나 싫어서 입는 기호적 선택보다도 마음 스스로 생존을 위해서 입게 되는 필요 복장이나 다름없다. 시간적인 두께나 필요의 용도에 따라 제각기 다를 뿐 우리는 자신을 지켜내기 위해 이미 다양한 마음 복장을 갖추고 있다.

겹데기

포장된 마음에는 어떤 것이 들어 있을까?

그때그때 포장하여 숨기고 싶었던 본래 마음들이 들어있을 것이다. 하지만 포장을 한세월이 5년, 10년, 수십 년이 지났다면 우리는 그때 넣어두었던 마음을 기억할 수 있을까. 오래된 선물은 원래 그것이 선물이었는지도 잊게 만든다. 자기 자신이라 느꼈던 오래된 외투를 벗는 건 피부를 벗기는 것과 다를 것 없는 느낌이다. 오래된 마음의 외투, 포장된 마음들은 누에고치처럼 한 꺼풀 벗기고 나면 생각지도 못한 모습으로 우리를 맞이한다.

마음은 분명 빠른 시일 안에 자신을 찾아내 주길 바랐지만, 너무 오래전 깊이 숨어버린 마음을 스스로 찾아내기란 어렵다. 술래가 없는 숨바꼭질 놀이에 혼자만 조용히 숨어있는 마음은 너무나 쓸쓸하다.

오래도록 포장된 모습들을 벗겨내어 그 안에 우리를 기다리는 마음들에게 다가가 보자. 나의 두터워진 외투의 겹데기를 하나하나 벗어내며 진짜 내가 하고 싶었던 이야기를 해보자. 물론 그 과정에는 자신을 위한 상냥함이 함께해야 한다. 잠깐 덮고 있던 이불도 갑자기 들춰내면 한기가 들어오는데, 가늠하기 어려운 시간을 싸매고 있었던 나의 겹데기를 내려놓는다는 건 깊은 두려움의 추위를 넘어서야 한다. 마음의 고통과 불편에 벗어나기 위해 만들어진 포장된 외투들은 자신의 가장 깊은 진실과 맞닿아 있다. 힘든 기억과 경험들이 켜켜이 쌓인 나의 오래된 외투를 내려놓기 위해서는 가장 먼저 내가 외투를 입고 있다는 것을 먼저 알아차려야 한다.

보호장치

다양한 외투 안에 본래 어떤 마음들이 숨겨져 있는지 알 수는 없다. 자신을 감추거나 보호하기 위해 두른 외투는 자기 삶의 환경, 경험에 따라 각양각색의 모습을 갖고 있다. 이 외투들은 자신을 멋져 보이게도 하고, 자신을 지켜주기도 하지만 상황에 따라서 누군가를 '답답하고' '불편하게' 심할 때는 '불쾌하게' 만들기도 한다. 자기에게 보기 좋은 옷이 남에게도 그렇게 보이는 건 아니듯이 말이다.

마음이 입은 외투를 자유 의지로 입고 벗을 수 있다면 가장 좋겠지만 외투는 생존과 안전에 직결된 보호장치여서 쉽게 떼어내 지지 않는다. 아무 생각 없이 던지는 타인의 말 한마디에 반응하기도 하고, 누군가의 친절한 호의에도 경계심과 적대감을 보이기도 한다. 오랜 시간이 지나 정해진 행동과 감정 패턴들을 반복하며 살다 보면, 그 모습이 나다운 것이라고 믿으며 외투는 자신의 피부와 다름없는 모습이 된다. 생각으로 알아채고 나름 벗으려 노력해도 벗겨지는 것은 쉽지 않다. 강하게 굳어진 마음은 생각으로 바뀌지 않는다. 자신을 보호하기 위해 존재하는 외투의 목적은 어떤 생각 적 의지보다 강력하다.

생존의 삶

사신이 외투를 입고 있다는 사실을 모르는 사람은 외투의 반응에 매번 끌려다니면서도 어쩔 도리가 없다. 찬 바람 속에서 고난과 시련을 겪으며 강력해진 외투는 본래 마음의 의지와는 상관없이 사람들을 경계하고 위협한다. 나중에는 육체와 정신마저 장악하고 자신을 공격한다고 느끼는 모든 것들에게서 도망치며 배회한다. 마치 그 모습은 사람이 아닌, 텅 빈 외투가 유령이 되어 이곳 저곳을 돌아다니는 것처럼 보인다. 스스로 움직이고 선택해야 하는 우리의 마음이 현실을 감당하지 못하고 마음의 권리를 포기할 때 외투는 그 자신이 주인이 되려 한다.

세상 적으로도 인정받을 만한 다양한 능력을 갖추었어도 마음이 텅 비어버린 외투에게는 공감, 연민과 같은 인간 본연의 마음들이 느껴지지 않는다. 누군가 상처 입고 다쳐도, 도움을 요청해도 눈 하나 깜짝하지 않는다. 그런 이에게 "당신의 마음은 지금 어디에 있나요?"라고 질문해도 이미 깊이 숨어버린 본래 마음은 쉽게 나타나지 않는다. 빨간 구두 동화에서는 구두에 끌려다니는 소녀의 다리를 결국 잘라내어 끝을 내었다. 내 마음과는 상관없이 작동되는 외투가 나를 보호한다는 명목으로 강제로 삶을 끌어간다면, 우리는 어떤 선택을 해야만 할까? 또는 우리 앞에 있는 소중한 사람이 자신을 고통스럽게 하는 외투를 입었는지도 모른 채 자신의 생명 에너지를 소모하고 있다면 우리는 어떤 도움을 줄 수 있을까?

사라진 마음

외투 자체가 되어버린 사람의 마음은 텅 비어있는 만큼 빈 공간에 찬 바람만이 가득하다.

가진 것도, 줄 수 있는 것도 찬 바람뿐이다. 그래서 외투들이 배회하는 세상은 춥다. 본래의 마음이 사라진 육체에는 차디찬 바람이 스며들어 함께 소통하고 마음을 나누는 법도 기억하지 못한다. 누군가 눈앞에서 눈물을 흘리며 고통을 호소해도 자기 일이 아니라며 돌아선다. 사랑과 관심이 필요한 이들에게 매정하고 모진 말을 던진다. 가까운 사람들을 초라하고 외롭게 만든다. 그들에게 삶은 생존이고 경쟁이다. 험난하고 거친 세상에서 살아남고, 이겨내어 인정받고 증명하는 것이 전부다. 공허하고 갈증 나는 일상을 채우기 위해 자극적인 것들을 찾아다닌다.

외면받고 상처받았던 그 기억의 마음들을 꼭꼭 숨겨두고 화려한 외투가 되어 떠다니는 모습이 가슴 아프다. 외투들은 외롭다. 사람의 마음을 나누고 함께하는 법을 잊었다. 차가운 마음에서는 차가운 언어가 나온다. 차가운 행동이 나온다. 찬 바람은 아무리 불어봐도 차가울 뿐이다.

추운 세상

마음을 잊은 텅 빈 외투의 말들은 차갑디차가운 바람의 속성을 가지고 상대에게 그대로 전해진다. 차갑고 공격적인 '말'의 표현들이 우리의 가정과 사회를 얼마나 병들게 해왔는지 우리는 충분히 알고 있다. 공격적인 '평가와 비난'을 맞은 사람은, 갑자기 거센 폭풍을 만난 여행자와 다름이 없다. 마음이 건강했던 사람도 날카로운 평가와 차가운 비판에 오래 노출되면, 그 사람 자신도 나중에는 스스로를 지켜내기 위해 단단한 외투를 필요로 하게 된다. 그렇다면 마음이 약해져 있는 사람들은 어떠할까. 어른들의 지속적인 관심과 사랑을 필요로 하는 아이들은 어떨까. 가장 가까이에 위로와 사랑을 주어야 할 가족과 친구들은 어떠한가. 외투들은 서로를 공격하면서 또 다른 외투를 쉽게 만들어낸다. 상처 입은 사람이 다른 곳에서는 상처주는 사람이 된다. 차갑게 텅 빈 외투는 가깝고도 소중한 사람들에게 계승되고 복제된다. 주변 사람들의 마음을 얼어붙게 만들며 넓은 공간들도 금세 싸늘하게 만든다.

바람 뺀기

사람들이 자신의 문제를 잘 안다고 하면서도 계속 힘들게 반복하며 사는 이유는, 앎 자체는 삶을 바꿀 힘이 없기 때문이다. '생각 적인 앎'은 차디차다. 안다는 생각과 정보로는 삶을 바꿀 수 없다.

먼저 깊이 깨우쳐야 하는 것은 '마음에서 일어나는 자각'이다. 마음의 자각은 머리에서 이루어지지 않고 가슴에서 일어나야 한다. 우리 모두에겐 '생각 적인 앎'이 있음에도 문제를 해결하지 못하는 이유는 '마음의 자각'을 만들어낼 자신의 마음 에너지가 이미 고갈되었기 때문일 수 있다.

찬 바람을 서로 뱉어대는 것은 서로의 에너지를 빼어내는 행위이다. 사람의 부족한 모습을 공격하는 '바람'은 나를 포함하여 다른 사람들에게도 쓰지 않아야 한다. '적당한 바람'은 마음의 공간을 환기하기도 하고 머릿속을 명료하게 만들기도 하지만, 지독하게 내리치는 '강한 바람'은 모든 행동을 위축시키고 고통스럽게 하는 것뿐만 아니라 나아가려는 이의 눈조차도 뜨지 못하게 만든다. 우리는 마치 남을 비난하고 미워할 때 그 마음이 밖을 향해 쏘아낸다고 생각하지만, 그 바람은 바깥으로 향하기 이전에 항시 자기 자신을 먼저 쏘고 지나간다. 그렇게 스스로 상처받는 과정이 반복된다. 우리는 제일 먼저 서로의 마음에 '공간적 합의'가 되어 있는지를 확인해보아야 한다.

행복의 쉼터

우리 마음에는 공간이 있다.

우리는 집이라는 공간을 통해 자신의 영역 안에서 보호와 안정을 느끼며 살아간다. 많은 이들에게 내 집, 내 방, 나만의 공간은 소중하고 아늑한 행복의 쉼터가 된다. 그만큼 우리는 물리적 공간을 기준으로 서로 침범하지 않고, 침해받지 않고자 노력하며 살아간다. 형법상에도 개인 주거공간의 침해 및 퇴거 불응은 상당한 죄목이 된다. 그런데도 '사람 마음에 있는 공간의 침범'은 단지 보이지 않는다는 이유 하나로 아무렇지 않게 행해진다.

문제는, 보이지 않기 때문에 침범한 사람도, 스스로 침해를 받은 사람도 실제 본인이 무엇을 행하고 당했는지 알 수 없다는 것이다.

때문에 분명 누군가는 그로 인한 피해를 보았음에도 원인을 찾지 못하는 일이 허다하다.

침범

이러한 현상들을 꼭 과학적 측면으로 보지 않더라도 우리는 이미 삶을 통해 어느 정도 마음의 공간이 있다는 것을 느끼고 있다. 원치 않은 사람이 갑자기 나의 개인적인 일을 꺼내 이야기하고 가정사를 묻는다든지, 받고 싶지 않은 위로나 조언을 일방적으로 내게 전하려 할 때, 우리는 불편함과 곤혹스러움을 경험하게 된다. 이것이 물리적인 침범을 경험한 것은 아니지만 서로 합의되지 않은 관계에서 예고 없이 불편한 주제로 훅 들어오는 행위는 우리의 마음을 충분히 혼란하게 만듦을 경험한다. 어떤 대화는 이유도 없이 가슴이 답답해지고, 긴장되며, 함께 하는 시간 자체가 피곤하다고 느껴지는 일들이 있었음을 곰곰이 생각해보면 자신의 허용범위를 벗어난 대화와 흐름이 발생할 때 우리는 충분한 어려움을 경험하고 있다는 걸 알 수 있다.

특히나 누군가의 인생을 과도하게 참견하고 평가하려는 태도와 행동을 보이는 사람들은 세상에서 위축된 따가운 외투 안에 스스로 숨어버린 모습으로 볼 수 있다. 자신이 피해를 당하였다고 느끼는 만큼 바깥의 세상에도 똑같이 주려고 하는 행동이다. 하지만 그들은 스스로 들어간 따가운 외투 안에서 자기 자신이 제일 먼저 고통받고 있다.

안전하다는 것

우리 마음에는 다양한 공간이 있다.

누구나 쉽게 들어왔다 나가도 되는 열린 공간의 일상적인 마음도 있고, 자신의 허용이 있을 때 열리는 비밀스러운 공간도 있으며, 관계적 신뢰가 쌓이는 경험과 섬세한 배려를 필요로 하는 공간들도 있다. 우리는 이렇게 다양한 마음 공간에 다양한 조건과 기준들을 가지고 살아가고 있음에도 마음 공간에 침입하는 사람들에 대한 대응에는 당당하지 못하다. 특히나 어릴 때부터 가까운 인연이 마음 공간을 멋대로 부수고 엉망으로 만드는 경험을 지속해서 겪은 사람은 깊은 무력함을 갖고 있다. '내가 나를 지킬 힘이 없다', '충분히 거절하고 싶은 내색을 했는데도 결국 소용이 없었다'는 깊은 좌절감이 반복되면 자신의 마음 권리를 외치는 노력이 점차 의미 없는 발버둥으로 느껴진다. 나중에는 마음 공간에 침입하여 눈앞에서 자신을 모욕하고 비난하는 사람을 앞에 두고도 남의 일처럼 바라보며 희망을 내려놓는 모습을 보이기도 한다.

극단적인 상황이기도 하면서도 누구에게나 있을 수 있는 일이라는 것이 안타깝다.

마스터키

모르는 사람보다 서로 잘 안다고 느끼는 사람들의 공간 침범 영향력은 더욱더 강력하다.

친밀하다 느끼는 관계일수록 '나는 그래도 된다', '그럴 수 있다'라는 강압적인 기준을 가지고 상대의 공간을 마음대로 디딜 자격을 갖고 있다고 생각하기 때문이다. 특히나 가족, 연인과 같이 밀접한 인연들은 마치 '우리는 남이 아니다'라는 강력한 마스터키를 들고 와서 허락받지 않은 마음 공간에 망설임 없이 무단으로 열고 들어가기도 한다. 어떤 사람은 "나는 너에게 당연히 그럴 자격이 있다"라며 상대방의 의사도 묻지 않고 그 사람의 마음 공간을 자기 방식대로 바꾸려 하고, 조종하려 들고, 훈계하려 한다. 독단적인 기준으로 가득한 두꺼운 외투를 입은 사람일수록 상대에게 더욱더 사나운 바람을 불어대며, 그렇게 피해받은 이들의 마음에 또 다른 외투를 만들어낸다.

존중

본래 마음은 무엇인가. 과연 누군가를 바꾸고 뒤집어야 속이 풀리는 걸까. 서로 편안하고 안전하게 마음을 나누고 싶다면 강한 의도를 가진 마음을 가장 먼저 내려놓자. 상대방이 마음의 문을 열고 들어오라고 청하지 않았다면, 지금 긴밀한 소통을 원하지 않았다면, 우리는 마음의 문 앞에서 상대방의 상태를 느낄 수 있어야 한다. 설령 지금 나의 침입이 정당하고 당연히 해야 할 행동이라 판단이 되었다 하더라도, 일단 상대가 '의견과 마음을 나눌 준비'가 충분히 되어있는지를 먼저 호흡을 나누며 판단해도 절대 늦지 않다.

상대에게는 항시 마음의 공간을 침해받지 않을 권리가 있음을 우리는 알아야 한다. 그렇기에 그만큼 당신도 자신을 지킬 권리와 이유가 있다. 마음의 공간은 넓어지고 편안해지는 만큼 우리 내면의 여유를 만든다. 관계적 우위를 점하기 위해 공간을 더 차지하겠다고 뺏고 뺏기는 것이 아니라 그 사람의 공간을 있는 그대로 바라보고 이해해줄 수 있다면, 일단 그것만으로도 서로를 위한 충분한 존중이 된다.

귀한 존재

사람의 마음 공간을 멋대로 침입하는 것은 상대가 입은 답답한 외투를 벗겨주겠다고 거센 바람을 불어대는 것과 동일한 행위이다. 상대의 마음 공간을 존중하려는 마음의 중심이 기본이 될 때, 우리는 상대의 불편하고 보기 싫은 외투조차도 섣불리 평가하지 않고 있는 그대로 바라보는 힘을 갖는다. 이러한 존중의 마음을 갖춘 사람은 자신의 공간에 무례하게 침입하는 사람 앞에서도 흔들림 없이, 나를 지키고자 하는 단호함의 기백을 보인다. 상대를 존중하는 만큼 자신도 소중한 존재임을 잘 알기 때문이다.

우리 모두가 정말로 귀한 존재라는 것을 알아나가길 바란다. 분명 우리는 자신의 부족함과 아쉬움을 제일 먼저 발견하다 보니 나 자신의 귀함을 잊고 지낼 때가 많다. 그렇게 당연한 사실을 우리는 항상 잊는다.

'나의 귀함을 진실로 알아볼 수 있는 사람은 나 자신뿐임을'

자신의 귀함을 안다면 미워하고 자책하지 않는다. 그렇기에 누군가를 구태여 탓하고 미워하지 않는다. 타인을 비난하려는 마음은 나 자신의 부족함을 가리려는 옹졸한 눈 막음이다. 나의 모든 마음의 공간들은 어떤 형태일지라도 존재하는 이유가 있으며 우리의 모든 모습은 나를 사랑하고 싶어서 만들어진 것이다.

진실함

세상을 경험하면서 늘어가는 것은 대부분 요령이고 방식이다.

우리는 잘사는 방법에 대해서는 연구하고 고민하지만, 올바르고 진실하게 살아가는 방법에 대해서는 크게 관심을 두지 않는다.

진실한 소통과 나눔은 어려운 것으로 느껴진다. 서로 평가하고 눈치 보는 환경에서 생존하기 위해 애쓰며 살아왔다면 더욱이 '마음이 자연스러운 사람'이 된다는 것은 참 어려운 일이다. 서로 경쟁하고 평가하는 세상에서 바람을 쏘아대며 공격하는 법은 쉽게 배우지만, 따뜻한 마음을 나누고 소통하는 방법은 가끔 책에서나 볼 수 있다. 그렇게 나오는 책조차 따뜻한 마음을 표현하는 기술과 소통 방법에 대한 이론으로 가득할 때가 많다. 사랑과 진실, 소통과 화합, 희망과 비전, 직관과 통찰에 관해 이야기를 하면서도 그 내용도 두 영역으로 나누어지곤 한다. '진실함'에 대한 것과 '진실함을 표현하는 기술과 방법'이다. 나에게 큰 변화와 방향을 열어준 것은 진정성이 담긴 진실함의 메시지였다. 진실함을 이야기하는 기술의 책들은 좋은 단어와 문장들로 멋지게 나열되었으나 머리 지식으로만 남을 뿐 도통 가슴으로는 내려오지 않는 내용이 대부분이었다. 경험이 쌓이면서 다양한 관계들을 통해 좋은 대화를 만들어 나갈 수는 있어도, 서로의 마음을 느끼며 함께 성장하고 연결되는 과정은 '방법과 기술'로 되지 않는다.

내 안의 해

켜켜이 쌓이고 겹쳐진 외투의 텅 빈 공간에는 찬 바람이 가득하지만, 찬 바람을 뚫고 지나 오랜 세월 견고해진 외투를 벗기고 벗겨내다 보면 조금씩 나의 마음이 보인다. 계속 찾아내 주길 바라고 있었지만 자기 힘으로는 뚫고 나올 수 없었던 작고 여린 불빛이 조금씩 눈앞에 아른거린다. 까마득한 어둠이 아무리 깊고 어둡다 할지라도 자그마한 불빛 하나가 새어 나오는 순간부터 어둠의 적막은 한순간에 사라진다. 한 번 켜진 마음의 불빛은 크든 작든 마음의 길을 잃지 않게 하는 지표가 된다. 바깥에 햇볕이 아무리 내리쬔다고 해도 내 몸에 닿지 않으면 소용이 없다. 두꺼운 외투에 가려져 차갑디차가운 자신의 마음을 녹이려면 자신 안의 해를 찾아내야 한다. 나의 진심과 진실을 찾아낼 때까지 나의 진짜 목소리에 귀 기울여야 한다. 내 마음이 따뜻해지고 편안해지는 지점으로 나를 안내해야 한다.

마음 여행자들

우리를 비추는 해의 마음은 온도로 선명하게 전해진다. 아무리 사랑한다고 말로 표현해도 비어진 진심에는 온도가 없다.

우리의 언어에는 온도가 없다. 하지만 마음에는 온도가 느껴진다. 사랑하는 마음에는 방금 마른 보송한 이불과 같은 아늑함의 온도가 느껴진다. 신경 자극으로 전해지는 육체의 온도와 마음에서 새어 나오는 온도는 비슷한 감각인 듯하지만 완전히 다른 성질이다. 그 감각이 열릴 때까지는 따뜻한 곳을 찾아내야 한다. 내 몸과 마음이 쉴 수 있는 곳을 만들어 나가야 한다. 마음이 차가워진다면 몸이라도 따뜻하게 하고, 나를 춥게 만드는 공간, 사람, 환경에 있다면 조금은 멀어져서 스스로 회복하는 시간을 충분히 가져야 한다.

사랑의 지점

감사함과 기쁨에는 찬 기운이 들어올 새가 없다. 해는 진실함이다. 진실함은 온도와 울림으로 온다. 가슴에서 차오르는 온도와 울림은 우리 삶의 곳곳에 자리한다. 마음의 따뜻함은 닫힌 벽들을 가볍게 열어젖히고, 누군가 두껍게 껴입은 외투마저도 스스로 내려놓게 한다. 모두가 그 따스함의 힘을 알지만 행할 수 없었던 이유는 무엇일까. 우리가 생각하는 따뜻함과 포용, 사랑의 에너지는 봄의 기운과 같이 포근한 생명력과 마음의 안식이 되어야만 하는 절대적 이미지와 느낌을 준다. 사랑을 행하며 살았던 위인들은 자신의 고초와 시련에 흔들림 없었고, 온몸과 마음을 나누며 살았다. 우리는 알게 모르게 도달하지 못할 위인들과 신화적 인물들을 자신의 상태를 비교하며 살고 있지는 않나. 인간이 사랑으로 행할 수 있는 최고의 지점이 어디쯤인지 미리 상상으로 그려놓은 다음, 그것을 기준으로 자신을 바라보니 우리의 사랑은 얼마나 작고 초라하게 느껴지는가.

따뜻함

우리는 사랑마저도 경쟁하고 비교한다. 우리는 잴 수 없고 평가할 수 없는 것들마저도 수치화하여 자신의 위치와 영역을 계속 확인하려 한다. 삶의 은총을 잊은 이들에게는 의심과 불신만이 가득하다. 사랑에는 기준이 없다. 따뜻함에는 정해진 온도가 없다. 우리에게 따뜻함과 생명을 주는 봄, 불빛, 불꽃들만 바라봐도 그렇다. 우리에게 돌아오는 봄은 매번 다른 봄이고, 그 수많은 불빛도 다 제각기 다른 불빛을 내며, 타오르는 불꽃도 매 순간 다른 불꽃인데, 우리는 형태로 보이지도 않는 사랑을 왜 고정적으로 그려놓고 완성 적으로 맞추려고 하는 걸까. 세상이 말하는 사랑은 너무 어렵고 초월적이다. 우리는 기준을 바꿔볼 수 있다. 사랑에는 기준이 없고, 내가 할 수 있는 따뜻함을 사랑의 기준으로 만들면 된다.

나만의 과정

자신의 사랑의 기준과 방식을 알게 되는 과정은 사람마다 모두 다르다. 자신의 사랑이 호롱불인지 태양인지, 달빛인지는 많은 관계를 경험하고 부딪히며 절로 알게 된다.

마음의 불빛이 처음 켜진 경험과 모양을 찾아낸 경험은 분명 서로 다르지만, 나의 '사랑의 기준'을 찾게 된 건 아이들과 함께 하는 음악 교육 시간이었다. 가르치는 분야가 전통 북이다 보니 교육 장소와 형태와는 상관없이 만나는 친구들이 굉장히 독특했다. 학교나 교육센터에서는 모든 아이들을 시멘트처럼 녹여 하나의 조각상을 만들어주길 원하는데, 뭉칠 수 없는 원석과 같은 아이들을 데려다 섞어 동일한 결과를 보여줘야 한다는 건, 항상 한계치를 넘어야만 나오는 기준이었다. 북을 치는 것은 단체 스포츠와 다름없이 모두가 다 함께 진심으로 뛰고 날고 하지 않으면 제대로 된 연주가 나오지 않는다. 살면서 나무 막대기로 가죽을 두드려본 적 없는 아이들에게, 부족민과 다름없는 열정이 보이길 바라는 기대를 채우기 위해서는 모두의 야성을 꺼내야만 했다. 특히나 가장 멋지고 힙하고 싶은 질풍노도의 시기를 겪는 남학생들을 데리고 전통 모듬북을 연주하는 교육을 할 때는 나 자신도 살아있는 남학생이 되지 않으면 안 되었다.

포용

연주법이나 동작을 가르치는 것보다 모두 함께 즐겁게 두드리는 것이 중요했던 나의 사랑의 기준은 '포용'이었다. 나의 영역 안에서는 어떤 일이 일어난다고 하더라도 모두 받아들일 수 있다. 짧은 교육일지라도 항상 연주를 위해 참여자와 교육자 모두가 육체와 정신의 한계를 넘어서야 하는 과정을 진행하다 보니 많은 일이 일어난다. 북을 치는 와중에 강한 감정적 반응을 보이며 뒤로 넘어가는 친구, 연주에 집중하지 못해 교육장을 내내 운동장처럼 뛰어다니는 친구, 머리로 북을 치는 친구, 북채로 애들을 때리고 다니는 친구, 내가 왜 북을 쳐야 하냐고 울면서 소리를 지르는 친구들까지 경험해보지 않은 일은 없다. 가끔 극단적이고 돌발적인 행동을 보이는 친구들을 만나도 놀라기보다는 왜 저런 행동을 하는지 궁금했다.

학교 선생님들조차 정신장애를 겪고 있는 아이임을 경고하던 친구도 나와 수업을 할 때는 내내 장난치며 함께 뛰어놀았다. 나에게 경험되었던 아이들의 한계 없는 행동표현들은 그냥 생명의 역동, 원동력으로 느껴졌다. 질서 없는 에너지들도 모이고 부딪히니 리듬이 되었다.

미친 사람과 미친 척하는 사람은 다르다. 아이들은 항상 자신의 존재를 알리기 위해 어떠한 척을 하고는 있지만, 그 아이들이 진짜 어떠한 존재인 적은 없다. 강한 공격성은 스스로 안전함을 느끼지 않을 때 나온다. 아이들은 그저 시시각각 원하는 존재가 되고 싶은 대로 변신하는 자유로운 도깨비일 뿐이다. 쉬는 시간을 주었을 때 그 작은 교실 안에서도 얼마나 많은 일이 벌어지는지 경이로울 때가 많다.

나는 나의 사람들에게 안전함을 경험하게 해주고 싶다. 내가 줄 수 있는 것은 안전함이다.

내 앞에서는 어떤 소리를 내건 어떤 행동을 하던, 먼저 판단하지 않고 받아줄 수 있는 여유 있는 공간이 되어주는 것이 내가 할 수 있는 사랑이다.

여전히 내공이 부족하여 말을 더 따뜻하게 하거나 친절한 어른은 아직도 되진 않았지만, 누군가 상식선의 지점을 넘어서더라도 판단하기 이전에 그 행동의 마음을 함께 느끼고 나눌 수 있는 것. 그것이 내가 할 수 있는 사랑의 방식이면서도 계속 펼쳐져 가는 성장의 영역이기도 하다.

마음 여행자

이 세상에 사랑의 방식, 해의 마음이 어찌 하나로 표현될 수 있을까. 모두가 이상적으로 여기는 자애롭고 초월적인 사랑을 우리네 사람이 온전히 행하기에는 많은 시행착오와 내면 수행을 거듭해야만 한다. 하지만 빛에는 태양도 있고 작은 호롱불도 있듯이 온 세상을 밝히는 빛이 있으면 눈앞을 밝혀주는 등불의 역할도 있다.

사랑도 그러하다고 본다.

큰 사랑을 할 수 있는 사람은 대지와 같은 사랑을 펼쳐내며 살고, 들꽃 같이 소박한 사랑을 할 수 있는 사람은 소박한 사랑을 나누며 나아가면 된다. 모든 영역을 밝혀주는 크나큰 사랑의 기준을 절대적으로 여겨서는 안 된다. 부족한 사랑은 없다. 누군가는 작은 문턱을 넘기 위해 발목만 들어도 되지만, 어떤 이는 두 발을 다 들고도 넘기가 어렵기도 하다. 모두가 다른 기준과 형태를 가지고 살아간다. 모두가 다름을 인지하고, 자신의 부족함을 알면서도 진실하게 표현하고 다가가려는 용기는 그 자체로 위대하다.

우리가 매 순간 할 수 있는 것은 진실한 마음으로 소통하는 것이다. 자신이 할 수 있는 영역과 방식을 알아가면서 하나하나 배워 가면 된다. 모두가 자기 삶의 고충을 이겨내고, 감당하고 극복하며 살아가고 있다. 각자 자신만의 외투를 꺼내 입고 자신의 발걸음대로 나아가고 있다.

나를 답답하게 만드는 외투가, 나를 변화시키는 외투가 되고, 나를 위축시키는 외투가, 나를 성장하게 만드는 외투이기도 하다. 올바른 기준은 없다. 정해진 것도 없다. 살다 보면 이런 나, 저런 나가 되어 보면서 다양한 마음을 경험하다 보니 지금 '자신'의 형태가 되었다.

세상의 풍파는 한 번씩 강하게 몰려와 우리 자신을 작아지게 만들어도 마음 가득 자신만의 사랑의 불씨를 품고 우리 자신에게 힘과 응원을 주며 나아가면 된다.

올바른 사랑은 없다. 하지만 따뜻한 사랑은 있다.

올바른 마음도 없다. 매 순간 진실한 마음과 용기가 필요할 뿐이다. 매일 주어지는 하루의 여정에 가고 싶은 곳을 누비며 하고 싶은 것을 하자. 시작점도 도착점도 홀로 시작하고 끝나는 삶의 여정이지만, 옆만 돌아보면 함께 해줄 소중한 사람들이 있다. 대신 가줄 수는 없지만 서로 일으켜 세울 수는 있다.

매일 아침, 우리에게 새로운 여행이 펼쳐진다.

더 사랑하고 감사하자. 더 표현하고 기뻐하자.

피트 몬드리안, <달밤의 헤인 강변 동쪽 풍차>, 1903년작